Ramge | Wollt ihr ewig leben?

[Was bedeutet das alles?]

Thomas Ramge

Wollt ihr ewig leben?

Vom Fluch der Unsterblichkeit und Segen der Biotechnologie

Reclam

RECLAMS UNIVERSAL-BIBLIOTHEK Nr. 14352
2023 Philipp Reclam jun. Verlag GmbH,
Siemensstraße 32, 71254 Ditzingen
Gestaltung: Cornelia Feyll, Friedrich Forssman
Druck und Bindung: Druckerei C.H.Beck,
Bergerstraße 3–5, 86720 Nördlingen
Printed in Germany 2023

ISBN 978-3-15-014352-0

Auch als E-Book erhältlich

www.reclam.de

MIX
Papier aus verantwortungsvollen Quellen
FSC® C019821
FSC www.fsc.org

Inhalt

»Das Leben war eine der interessantesten Beschäftigungen, trotz alledem.«

Erich Kästner, *Fabian. Die Geschichte eines Moralisten*

1 Wollt ihr ewig leben?

Machen wir gemeinsam ein Gedankenexperiment. Der Arzt Ihres Vertrauens bietet Ihnen morgen drei Pillen zur Auswahl an: eine weiße, eine gelbe oder eine grüne.

Die weiße Pille ermöglicht es Ihnen, bei guter Gesundheit zwischen 90 und 100 Jahre, mit Glück und guten Genen auch 110 Jahre alt zu werden. Kein Krebs, keine Schmerzen, kein Alzheimer. Sie werden dann am Ende so sterben, wie es sich die meisten von uns heute wünschen, ohne langes Leiden, angstfrei, ohne zu wissen, wann genau der Tod eintritt.

Wenn Sie die gelbe Pille wählen, werden Sie ebenfalls bei bester Gesundheit rund 200 Jahre alt, also mindestens so alt wie eine Riesenschildkröte Wenn es besonders gut läuft, könnten Sie auch das Alter eines Grönlandhais schaffen, also zwischen 400 und 500 Jahre.

Ihr Körper wird dabei während der Jahrhunderte kaum altern. Sie werden sich immer gut fühlen und über die körperliche und geistige Leistungsfähigkeit verfügen, wie heute im zweiten Lebensviertel zwischen 20 und 40. Sollten erste Alterungserscheinungen auftreten, bekommen Sie eine weitere gelbe Pille. Doch wie die Riesenschildkröte oder der Grönlandhai werden sie trotz allem irgendwann sterben. Auch dieser Tod wäre friedlich.

Das grüne Medikament verschafft Ihnen ewiges physisches Leben. Dass Sie irgendwann einen Unfalltod sterben, lässt sich zwar nicht mit Sicherheit ausschließen, wird aber dank technischen Fortschritts und wachsender menschlicher Vernunft immer unwahrscheinlicher. Sie werden in einer Welt leben, in der medizinischer Fortschritt schneller voranschreitet als der natürliche Alterungsprozess. Die neue Medizin ist in diesem Szenario auch mächtiger als neue Krankheiten, die in der Biosphäre Erde entstehen. Es herrscht »longevity escape velocity«, wie es der Bioinformatiker Aubrey de Grey nennt: Die Lebenserwartung des (einzelnen) Menschen steigt jedes Jahr um mehr als ein Jahr. Der Tod ist besiegt. Wir können ewig leben, müssen es aber nicht.

Wie im zweiten Szenario, dürfen Sie auch bei der grünen Pille den Suizid als Exit-Option wählen. Sie sind also nicht gefangen in einem im Wortsinn unsterblichen Körper und müssen sich daher auch nicht tödlich langweilen in unendlichen Wiederholungsschleifen wie Raymond Fosca, der unsterbliche und unglückliche Held in Simone de Beauvoirs Roman *Tous les hommes sont mortels* (*Alle Menschen sind sterblich*) von 1946. Ich nenne dieses Szenario ›Highlander mit Suizid-Option‹. Die (nach heutigen Maßstäben) Älteren unter Ihnen erinnern sich vielleicht an den Titelsong des Films *Highlander* von der Gruppe Queen: »Who Wants to Live Forever?« Der Sänger Freddy Mercury starb wenig später am HI-Virus, den die Evolution erst kurz zuvor hervorgebracht hatte.

Für welche Option würden Sie sich entscheiden?

1. Für ›wie heute, nur besser‹?
2. Für das ›Grönlandhai-Szenario‹?
3. Oder wählen Sie ›Highlander-mit-Suizid-Option‹?

Dieses Gedankenexperiment spiele ich bei meinen Vorträgen und in Workshops mit Teilnehmern immer wieder durch. Sie müssen möglichst schnell wählen. Die eigene Intuition soll (mit-)entscheidend sein.

Fast immer votiert die Mehrheit für das Bekannte und leicht Vorstellbare: Bitte die weiße Pille! Nummer sicher. Mit 95 noch gesund zu erleben, wie die Enkel ihren Weg ins Leben finden, vielleicht noch ein Urenkel im Arm zu halten, und dann sanft zu entschlafen – das wäre es.

In den meisten dieser Gruppen wählen mehr Menschen die Option Grönlandhai als die Ewigkeit. Die Überlegung dahinter dürfte lauten: Das Leben ist zu kurz. Weiter über den Tellerrand der Zeit würde man schon gerne schauen dürfen, aber irgendwann ist es dann auch mal gut. Viele Teilnehmer sagen auch: Die Schildkröten-Zeit reicht eigentlich aus, es müssen gar nicht 400 Jahre werden.

Im Sinne rein rationaler Entscheidungsfindung ergibt die Auswahl des Grönlandhai-Szenarios eigentlich keinen Sinn. Der Unsterbliche mit Möglichkeit zum Suizid kann sein Leben jederzeit auf Szenario 2 zurückstufen. Doch selbst im Gedankenexperiment ist eine Entscheidung über Lebensmöglichkeiten und Tod natürlich keine rein rationale Entscheidung. Die Vorstellung, sich selbst zu töten, weckt bei vielen Menschen unheimliche Gefühle, auch wenn der Suizid noch viele Jahrhunderte in der Zukunft liegen mag. Wer weiß, ob man dann überhaupt den Mut findet, das Leben zu beenden, selbst wenn der Leidensdruck hoch sein sollte? Es ist weniger schwer, die letzte Entscheidung dem Schicksal bzw. der Biologie zu überlassen.

Für Szenario 3 entscheiden sich in der Regel Teilnehmer, die sich selbst als besonders optimistisch charakterisieren. Oft sind sie Science-Fiction-Fans, mögen Bücher, Filme und Computerspiele, in denen die alten Mythen von Jungbrunnen und Steinen der Weisen in der Zukunft dank Wissenschaft und Technik zumindest in der Fiktion Wirklichkeit werden. Viele von diesen Technik-Optimisten wissen: Unsterblichkeit, ob mit oder ohne Exit-Option, ist trotz aller Fortschritte in der Biotechnologie zumindest noch heute Science-Fiction.

Niemand kann hundertprozentig ausschließen, dass in unbestimmter Zukunft tatsächlich eine grüne Pille erfunden werden wird. Es liegt in der Natur radikaler Innovationen, dass solche Fortschritte im Wortsinn unberechenbar sind. Wir wissen als denkende und forschende Wesen schließlich nicht, was wir nicht wissen können, was aber ein Genie unserer Gattung – oder wahrscheinlicher ein Team aus wissenschaftlichen Genies – irgendwann einmal herausfinden könnte. Die grüne Pille ist theoretisch möglich. Doch existieren, Stand heute, keine erkennbaren wissenschaftlichen und technologischen Entwicklungspfade, die Unsterblichkeit auch nur annähernd wahrscheinlich erscheinen lassen. Für die Szenarien 1 und 2 gilt dies nicht mehr. Es ist plausibel vorstellbar, dass sie zu unseren Lebzeiten Wirklichkeit werden.

Medizin im Angriffsmodus

Molekularbiologen und Biomediziner, Genetiker und Gerontologen verstehen, unterstützt von Informatikern und KI-Wissenschaftlern, den Bauplan des Lebens immer besser. Sie vermehren ihr Wissen, warum und wie Zellen, Organe und Organismus als Gesamtsystem altern und wie sich dieser Alterungsprozess erheblich verlangsamen, mitunter stoppen und in einigen Experimenten und für bestimmte Zelltypen sogar umkehren lässt. Die Lebenswissenschaften werden als Ganzes genommen in den kommenden Jahrzehnten die realistische Chance erhöhen, den Tod, wie wir ihn kennen, zurückzudrängen. Mit etwas Glück, Geschick und vielen Forschungsmilliarden kann es gelingen, die altersbedingten Krankheiten, die so bösartigen Vorboten des Todes, radikal zu schwächen und zum Teil sogar zu besiegen. Zu den plausiblen Szenarien gehört auch, dass die Glasdecke des menschlichen Lebensalters von rund 120 Jahren durchbrochen werden könnte und Menschen noch einige Jahrzehnte gesund weiterleben könnten.

Mögliche Wirkstoffe von weißen und gelben Pillen unseres Gedankenexperiments wirken bereits in Tieren und werden teilweise sogar klinisch am Menschen erprobt. Zugelassene Gentherapien erhöhen die Wissensgrundlage für Langlebigkeitsmedizin rasant. Das bedeutet natürlich noch lange nicht, dass entscheidende Durchbrüche unmittelbar bevorstehen. Mit hoher Wahrscheinlichkeit werden die medizinischen Fortschritte gegen das Altern länger auf sich warten lassen, als die Gründer und Risiko-Kapitalgeber der entsprechenden Biotech-Start-ups behaupten. Ähnliches war in der Vergangenheit oft zu beobachten, wenn neue Technologien sich ihren mühsamen Weg in die Welt bahnten und deren Entwickler und Financiers den Marketinglautsprecher möglichst laut aufdrehten. Gelegentlich setzen wissenschaftlich-technologische Innovationen jedoch auch schneller zu großen Gegenwartsveränderungen an, als viele Experten vermuteten. Beim Kunstdünger war es so, aber auch bei Penicillin oder dem Großrechner.

»Der einzige Weg, die Grenzen des Möglichen zu finden, ist, ein klein wenig über diese hinaus in das Unmögliche vorzustoßen«, schreibt der Science-Fiction Autor Arthur M.

Clarke. In den Lebenswissenschaften sind in den letzten beiden Jahrzehnten wissenschaftliche Grenzen durchbrochen worden, von denen vor 40 oder 50 Jahren noch niemand wusste, dass diese Grenzen überhaupt existieren. Es ist an der Zeit, dass wir uns als Einzelne und Gesellschaften in Breite und Tiefe mit dem biomedizinischen Fortschritt für die Langlebigkeit, von Experten meist englisch »Longevity« genannt, auseinandersetzen. Denn die Medizin schaltet zurzeit um vom Defensiv- in den Angriffsmodus gegen den Tod. Was ist damit gemeint?

In den letzten 150 Jahren hat sich unsere durchschnittliche Lebenserwartung in der westlichen Welt mehr als verdoppelt. Die Lebenserwartung eines deutschen Kindes, das im Jahrzehnt nach Bismarcks Reichsgründung 1871 geboren wurde, betrug weniger als 40, für Jungen gerade mal 35 Jahre und damit kaum mehr als in der Steinzeit oder im Mittelalter. Deutsche haben heute eine statistische Lebenserwartung von 81 Jahren, Franzosen und Italiener von 82, Spanier von 83 und Japaner von mehr als 84 Jahren. Gesellschaften mit geringerem Pro-Kopf-Einkommen haben in den letzten Jahrzehnten bei der statistischen Lebenserwartung stark aufgeholt. Die durchschnittliche Lebenserwartung weltweit liegt heute bei rund 73 Jahren.

Der enorme Anstieg des durchschnittlichen Lebensalters gelang vor allem deshalb, weil Wissenschaft, Technik und Kultur die Ursachen frühen Sterbens, allen voran Kindersterblichkeit und Infektionskrankheiten, systematisch bekämpften. 1870 überlebte rund ein Viertel aller Neugeborenen in Deutschland ihr erstes Lebensjahr nicht. 2021 waren es nur noch drei von Tausend. Anfang des 20. Jahrhunderts starben in den USA rund die Hälfte aller Bürger an Lungenentzündung, Tuberkulose oder Durchfall. Heute sind es dank Antibiotika, antiviralen Wirkstoffen und Hygienepraktiken nur noch drei Prozent. In der zweiten Hälfte des 20. Jahrhunderts entwickelte die Medizin bessere Therapien für Krankheiten wie Herz-Kreislauf-Erkrankungen, Diabetes und viele Krebsarten, die das Leben oft ab der zweiten Lebenshälfte verkürzen. Gesündere Lebensstile, bessere Ernährung, mehr Sport zahlen auf unsere Lebenskonten ein. Schulmedizinisch gesehen besteht das wichtigste Merkmal des Alterns darin, dass die Wahrscheinlichkeit zu erkranken und an einer Krankheit zu sterben, im Laufe unseres Lebens exponentiell ansteigt. Der Defensivmodus schaltet Krankheiten als Todesursachen systematisch aus. Damit können wir das Lebensalter erhöhen. Doch rücken wir dem Tod im fortgeschrittenen Alter damit nicht zu Leibe. Hierzu müssen wir in den Angriffsmodus wechseln.

Die Entwicklung der Lebenserwartung ist ebenso erfreulich wie beeindruckend. Doch hat sie auch eine Kehrseite: Die Evolution hat den Menschen (wie die meisten anderen Säugetiere auch) genetisch nicht daraufhin optimiert, 80 bis 100 Jahre lang gesund alt zu werden. Denn der Selektionsmechanismus der Genmutation stellt mit statistischer Präzision fest, dass unsere Vorfahren spätestens mit 50 oder 60 ohnehin schon an einem Virus gestorben, vom Säbelzahntiger gefressen oder von einem anderen Menschen umgebracht worden wären. Evolutionsbiologisch gesehen war es durchaus sinnvoll, die Gattung des Homo sapiens mit einem Körper auszustatten, der bereits mit 30 bis 40 Jahren seine Kinder großgezogen hat.

Es ist für die Gattung nützlich, wenn Großmütter noch da sind, um bei der Aufzucht der Enkelkinder zu unterstützen. Frauen haben mit hoher Wahrscheinlichkeit auch aus diesem Grund eine höhere Lebenserwartung als Männer. Doch warum sollte die Evolution beim Menschen Mutationen selektieren, bei denen Zähne viele Mal nachwachsen wie beim Grönlandhai? Ein Gebiss, das bis in das fünfte Jahrzehnt hinein hält, sollte doch genügen. Warum sollte sich eine Zelle hunderte oder gar tausende Male teilen oder erneuern können, wenn einige Dutzend Zellteilungen für ein Leben vollkommen ausreichen?

Die Riesenschildkröte aus Szenario 2 bietet das anschauliche Gegenbeispiel. Ihr Panzer schützt sie so gut vor Feinden, dass sich in den Abermillionen Jahren ihrer Evolutionen Gene durchgesetzt haben, die ihren Organismus langlebig machen. Eine 150 Jahre alte Schildkröte trägt in etwa das gleiche Risiko, im kommenden Jahr zu sterben, wie eine 25-jährige Schildkröte. Biologisch gesehen ist der 400-Kilo-Koloss alterslos. Bei uns Menschen steigt das Sterberisiko mit steigendem Alter dagegen radikal an. Ein 80-jähriger Mensch hat ein 60-mal höheres Sterberisiko als ein 30-Jähriger. Medizinisch gesehen ist das Alter der höchste Risikofaktor. Ein kettenrauchender, übergewichtiger 40-jähriger Alkoholiker hat deutlich bessere Chancen, seinen nächsten Geburtstag zu feiern, als ein sportlicher Abstinenzler mit 80. Und täglich sterben weltweit in etwa 150 000 Menschen. 100 000 davon sterben aus »Altersgründen«, wie es umgangssprachlich heißt. Medizinisch gesprochen sterben sie an altersbedingten Krankheiten, die wiederum meist Folgen von zellularen Verfallsprozessen und daraus resultierenden Funktionsstörungen von Körper und Gehirn sind.

Ist der Tod eine Krankheit?

Die großen Erfolge, die der Defensivmodus aufweisen kann, haben eine Kehrseite: Weil es uns in den letzten anderthalb Jahrhunderten so gut gelungen ist, die früher relevanten Todesursachen systematisch auszuschalten, leiden wir heute immer stärker unter jenen, die als Zerfallsprozess im menschlichen Körper evolutionär angelegt sind. Das längere Leben, das uns Hygiene und medizinischer Fortschritt ermöglichen, erkaufen wir mit Leiden im Alter, weil die Medizin den Zerfallsprozess, die zunehmende Ansammlung von Schäden in den Zellen in den späten Lebensjahrzehnten eben einfach nicht stoppen kann. Noch konkreter gesagt: Wir haben das Altern nur wenig verlangsamt, aber das Sterben deutlich verlängert.

Genau hier schaltet die Longevity-Medizin in den Angriffsmodus um. Sie versucht, die Alterungs- und Verfallsprozesse im Körper in voller Tiefe zu verstehen. Sie definiert diese Ansammlung an zellularen Schäden und körperlichen Funktionsverlusten durch fortschreitendes Alter als eine eigene Krankheit. Und sucht im Anschluss nach Wegen, die tödliche Krankheit namens Tod zu heilen. Sollte dieser wissenschaftliche Paradigmenwechsel politisch und gesellschaftlich volle Akzeptanz finden, wird sich das Forschungs- und Entwicklungsspiel auf juristischer und auf wirtschaftlicher Ebene radikal ändern.

Weil Altern und Tod heute juristisch keine Krankheiten, sondern Folgen eines weiten Spektrums von altersbedingten Krankheiten sind, sehen die Arzneimittel-Behörden in den USA und Europa eine Zulassung für Medikamente gegen Altern und Tod gar nicht vor. Selbst wenn es die weißen, gelben oder grünen Pillen aus unserem Gedankenspiel gäbe, dürften sie Ärzte nicht verschreiben und Krankenkassen nicht bezahlen. Weil das so ist, haben Pharmakonzerne keinen Anreiz, in die Entwicklung von Langlebigkeitstherapeutika zu investieren. Aus diesem Grund hatten es beispielsweise Erkenntnisse aus der Grundlagenforschung über den Zellalterungsprozess bisher schwer, das sogenannte Tal des Todes der Innovation zu überbrücken. Das heißt konkret: Die Wissenschaft entwickelte in der Regel staatlich finanziert Ideen für eine medizinische Lösung. Irgendwann müsste der Markt übernehmen und die Entwicklung zum Medikament oder zur Therapie finanzieren. Doch war und ist das den klassischen Marktakteuren, den großen Pharmafirmen mit Unternehmenswurzeln im 19. und 20. Jahrhundert, zu risikoreich.

Andere sind ungeduldiger und risikoaffiner. Diese anderen sind in der Regel Männer in der zweiten Lebenshälfte, die in der ersten Lebenshälfte durch Informationstechnologie und digitale Plattformen unfassbar reich geworden sind, wie etwa Sergey Brin und Larry Page (Google), Peter Thiel (PayPal, Facebook, Palantir), Jeff Bezos (Amazon) und, wie sollte es anders sein, Elon Musk (PayPal, Tesla, SpaceX, Twitter). Der Web.de-Mitgründer Michael Grewe investiert von Deutschland aus viele Millionen in Longevity-Startups. Skeptische Mediziner, oft hochkompetent, halten die Versprechen der Langlebigkeitsforscher und -gründer meist für vollkommen überzogen. Doch wetten Risikokapitalisten mit viel biomedizinischer Kompetenz immer höhere Summen darauf, dass die Szenarien 1 und 2 noch zu ihren Lebzeiten Wirklichkeit werden. Manche glauben auch an eine Umsetzung von Szenario 3.

Der zweite Teil dieses Essays wirft ein Schlaglicht darauf, wer mit wessen Geld und welchen Ansätzen und Methoden das Ende des Alterns herbeiführen möchte. Es ergibt Sinn, sich mit den Sinnfragen der Biotechnologie zu beschäftigen.

Im dritten Teil geht es um die Frage, was ein langes, extrem langes oder theoretisch gar unendliches Leben aus individueller Sicht für jeden von uns bedeuten könnte. Grüßte uns täglich das Murmeltier und langweilten wir uns in ständigen Wiederholungsschleifen zu Tode? Wir hätten schließlich ja schon alles x-mal gesehen und erlebt. Und vielleicht behielte die amerikanische Schriftstellerin Susanne Ertz mit ihrer lakonischen Bemerkung recht: Millionen sehnen sich nach ewigem Leben, wissen jedoch nicht einmal, was sie mit sich an einem verregneten Sonntagnachmittag anfangen sollen.

Oder hätten wir durch Langlebigkeit endlich die Chance, viel mehr zu erleben als in unseren viel zu kurzen Leben heute? Gelänge es uns, mehrere Jahrhunderte lang neugierig zu bleiben und könnten wir uns immer wieder neu erfinden, sowohl beruflich als auch privat? Was hieße Langlebigkeit für unsere Freundschaften, Ehen, für die Beziehungen zu unseren Eltern und Kindern? Wäre der Suizid dann nicht mehr ein Akt aus Egoismus, Gruppendruck oder Verwirrung, wie ihn noch der Soziologe Émile Durkheim in seiner Abhandlung *Le suicide* (1897, dt. *Der Selbstmord*) verstand, sondern die unspektakuläre Default-Einstellung der Langlebigen gegenüber dem Leben? Vielleicht könnten wir zum Mond oder zum Mars reisen. Sicher ist derweil: Hier auf der Erde würde uns das lange Leben der Einzelnen dazu zwingen, Gerechtigkeitsfragen neu zu verhandeln und zudem große gesellschaftliche Veränderungen vorzunehmen. Hiervon handelt der vierte Teil dieses Essays.

Fangen wir bei den einfachen Dingen an: Unser Rentensystem steht auf wackeligen Füßen, wenn die Lebenserwartung weiter so linear anwächst wie in den letzten 150 Jahren. Wie sollte dieses System mit medizinischen Durchbrüchen der Langlebigkeitsmedizin wirtschaftlich und organisatorisch zurechtkommen?

Das Problem der Überbevölkerung ist deutlich schwieriger. Wenn alle weiterleben und keiner mehr stirbt, werden binnen weniger Jahrzehnte weit mehr als 20 Milliarden Menschen auf der Erde leben. Lautet die logische Konsequenz dann: Wir müssen Kinder verbieten?

Doch ist das erst der Anfang der Probleme: Mit hoher Wahrscheinlichkeit werden die Therapien für Langlebigkeit bei ihrer Einführung sehr teuer sein. Wer kann sie sich leisten? Haben dann nur jene Internet-Plattform-Milliardäre Zugang zum Fortschritt, die heute das Risikokapital für Biotech-Start-ups bereitstellen? Oder erhielten nur die Menschen in reichen Gesellschaften der nördlichen Erdhalbkugel kostenlos Langlebigkeit auf Rezept und der globale Süden ginge leer aus?

Und rückgebunden an die Frage der Übervölkerung: Werden nur jene, die sich für Longevity-Eingriffe oder -Therapien entscheiden, mit einem (teilweisen) Fortpflanzungsverbot belegt, wie es unter anderem der US-amerikanische Philosoph John K. Davis fordert? Eine Regulierung für Longevity wird auf jeden Fall stark auf die Lebensgestaltung zurückschlagen. Wer setzt das Kinderverbot durch und was geschieht mit den Kindern, die ›illegal‹ zur Welt kommen? Ist ein langes Leben ohne Kinder oder in einer Gesellschaft mit wenigen Kindern überhaupt wünschenswert? Und überhaupt: Wie innovativ und veränderungsfähig können Gesellschaften mit sehr vielen Alten und sehr wenigen Jungen sein? Die Gerontokratie könnte die Menschheit in die Entwicklungsstarre versetzen.

Doch können wir auch hier wünschenswerte Zukunftsszenarien entwerfen. Wären viele Menschen bereit, heute verantwortlicher zu handeln, wenn sie wüssten, dass sie Folgen unverantwortlichen Handelns am eigenen Leib zu spüren bekommen, und nicht erst ihre Nachfahren? Oder könnte Langlebigkeit späteren Generationen sogar ermöglichen, zu Exoplaneten in anderen Sonnensystemen aufzubrechen? Bei heute verfügbarer Raumschiffs-Antriebstechnik dauerte der Flug dorthin theoretisch 100 000 Jahre, wie der Harvard-Astronom Avi Loeb vorrechnet. In Zukunft sollte das hoffentlich deutlich schneller gehen.

Natürlich kann dieser Essay keine abschließenden Antworten auf all diese Fragen geben. Ziel dieses Buchs ist es, näher zu beleuchten, was möglich und notwendig wäre, wenn die Prämissen der Szenarien 1 und 2 zu unseren Lebzeiten oder innerhalb weniger Generationen Wirklichkeit werden. Das ist nicht nur deshalb sinnvoll, weil sich die Wahrscheinlichkeit erkennbar erhöht, dass diese Szenarien eintreten können. Wir sollten uns rechtzeitig auf eine Zukunft mit vielen Langlebigen vorbereiten, denn medizinische Kipppunkte sind schnell erreicht. Noch wichtiger dürfte jedoch sein: Wenn wir Langlebigkeitsszenarien entwerfen, setzen wir uns automatisch auch mit der Frage auseinander, was Altern für uns heute individuell und kollektiv bedeutet. Wie bleiben wir auch in späteren Lebensphasen neugierig? Wie können Menschen ihre Produktivität jenseits vom sechsten oder siebten Lebensjahrzehnt volkswirtschaftlich einsetzen? Und sind wir ausreichend für Altersdiskriminierung sensibilisiert?

Es ist wünschenswert, dass die Medizin durch Biotechnologie in den Angriffsmodus schaltet. Und es ist höchste Zeit, gezielt und mit hohem Aufwand auf medizinische Durchbrüche hinzuarbeiten. Denn der medizinische Fortschritt der letzten Jahrzehnte hat nicht das Altern gestoppt, sondern das Sterben verlängert.

Im September 2022 verstarb meine Mutter. Das war zehn Jahre nach ihrer Diagnose »Alzheimer-Demenz«. Es wäre ein Segen, wenn Biotechnologie jedem einzelnen Menschen auf dieser Erde, unabhängig davon, ob in 30, 50 oder 100 Jahren, ein vergleichbares Schicksal am Ende seines Lebens erspart bliebe. Es wäre ein Segen, wenn die meisten von uns lange gesund und freudvoll lebten, und dann am Ende schnell gehen dürften. Bei den statistischen Ausreißern unserer Gattung, also bei jenen Menschen, die 110 Jahre und noch älter werden, ist dies überraschend oft der Fall. Hierin liegt vielleicht die größte Chance der Longevity-Medizin.

Der oben genannte (und selbsternannte) »Prophet der Langlebigkeit« Aubrey de Grey behauptet, dass der erste Mensch, der tausend Jahre alt wird, bereits geboren wurde. Dies ist Marketing-Bullshit im Kampf um Aufmerksamkeit. Selbst wenn es gelingen sollte, den Zellalterungsprozess des Körpers vollständig anzuhalten oder in bestimmten Zellen gar umzukehren, müsste immer noch unser Gehirn für 1000 Jahre funktionstüchtig bleiben und immer neue Speicherkapazitäten für neue Erinnerungen frei machen. Es ist medizinisch gesehen vollkommen unklar, ob und wie dies gelingen könnte. Dennoch halte ich es für spannend und sinnvoll, das Extremszenario mit der grünen Pille gleich mitzudenken. Dies gilt auch oder gerade, wenn wir zu dem Ergebnis kommen, dass Unsterblichkeit kein Gewinn für den Einzelnen wäre – und erst recht nicht für die Gattung Mensch.

2 Wie könnten Molekularbiologie und Biotechnologie medizinische Durchbrüche gelingen?

In einer gruselig-komischen Szene der Serie *Silicon Valley* des amerikanischen Senders HBO pitcht ein junger Start-up-Gründer eine Geschäftsidee beim Antihelden der Erzählung, dem Risikokapital-Investor Gavin Belson. Der Gründer erklärt gerade voller Selbstbewusstsein die großen Chancen an einem Schaubild mit exponentieller Wachstumskurve, als ein anderer junger, gutaussehender Mann mit einem medizinischen Gerät in den Raum kommt. Dieser setzt sich neben Belson und koppelt die eigene und Belsons Armvene mit Schläuchen an eine Pumpe. Der irritierte Gründer fragt, ob alles in Ordnung sei. Gesundheitlich? Investor Belson wiederum ist irritiert, dass der Gründer wohl noch nie etwas von »Parabiose« gehört habe. »Wenn man von einem jungen, physisch fitten Menschen regelmäßig frisches Blut bekommt, dann kann das den Alterungsprozess stark nach hinten verschieben«, erklärt der Antiheld und stellt den jungen Blutspender vor: »Das ist Brice, mein Transfusion-Associate«. Der Gründer solle jetzt aber doch bitte mit seinem Pitch fortfahren. Anscheinend hat ein Risikokapitalist selbst dann nicht viel Zeit, wenn er regelmäßig auf Frischzellenkuren mit Spenderblut wettet.

Die Bösewicht-Figur Gavin Belson erinnert an eine Mischung aus Google-Gründer Sergey Brin, Amazon-Gründer Jeff Bezos und Facebook-Investor Peter Thiel. Die Szene ist natürlich satirisch überspitzt. Doch wie oft bei guter

Satire, verweist der böse Spaß auf reale Gegebenheiten. In diesem Fall sind zwei Punkte wichtig:

Erstens führt Parabiose tatsächlich und nachweislich zur Verjüngung, körperlich und kognitiv, wenn auch nicht bei Menschen, sondern nur bei Mäusen und Ratten. Die Technik ist keineswegs neu. Schon im 19. Jahrhundert vernähten Forscher Nager zu siamesischen Zwillingen. In den 1950er Jahren wies ein Forschungsteam an der amerikanischen Cornell University nach, dass sich die Knochendichte einer alten Ratte wieder erhöhte, wenn ihr Blutkreislauf mit einer jungen Ratte zwangsvereint wurde. Osteoporose kehrte sich beim älteren Tier um. Die jüngere Ratte altert hingegen schneller, bis beide sich auf halber Altersstrecke trafen. Die Cornell-Ergebnisse machten weltweit neugierig. Mediziner entwickelten nun auch in Europa und Japan zahlreiche ähnliche Experimente. In den 1970er Jahren wurde wissenschaftlich zur Gewissheit, dass Parabiose das Leben der Versuchstiere insgesamt deutlich verlängern kann.

In Deutschland sind Parabiose-Versuche seit 1987 verboten. In den USA und in Asien ging die Forschung weiter den mikrobiologischen Ursachen für die Verjüngungseffekte auf den Grund. Heute wissen wir: Junges Blut in alten Mäusen reaktiviert »schlafende« Stammzellen. Die beginnen, sich wieder zu teilen, und produzieren dann frisches Gewebe. Inzwischen gilt es als wissenschaftlich gut gesichert: Junges Blut vermehrt bei alten Labormäusen die Anzahl der Gehirnzellen. Niemand weiß genau, warum und was dies für den Menschen heißen könnte. Bisher nahm man an, dass sich Zellen im Hirn nicht teilen könnten und wir mit der Grundausstattung seit Geburt ein Leben lang auskommen müssten. Wenn diese Annahme nicht stimmen sollte, könnten sich durch Erkenntnisse aus Parabiose nicht nur neue Pfade für die Longevity-Forschung ergeben, sondern auch die Entwicklung von Alzheimer-Medikamenten etwa auf der Basis von Blutplasma Fortschritte machen.

Zweitens trifft die Satire um den Transfusionsprofiteur Gavin Belson und seinen jugendlichen »Transfusion Associate« Brice einen Nerv, weil sich die Internet-Geld-Elite der amerikanischen Westküste nachdrücklich für die Techniken der Lebensverlängerung interessiert. Unter anderem Sergey Brin, Jeff Bezos und Peter Thiel sowie der Oracle-Gründer Larry Ellison haben in Longevity-Studien und -Start-ups investiert. Auch einige russische Oligarchen sind aktiv. Ob dies wie in der TV-Serie stark durch den persönlichen Wunsch nach unendlichem Leben getrieben wird – bei unendlichem Reichtum vielleicht der letzte nicht erfüllbare Wunsch –, lässt sich empirisch nicht belegen. In ihren öffentlichen Stellungnahmen begründen die Kapitalgeber ihre Investitionen oft philanthropisch. Nur Menschen wie sie, extrem Technik-optimistisch und finanziell risikobereit, könnten den radikalen medizinischen Fortschritt gegen die Krankheit Tod vorantreiben. Davon könnten alle profitieren. Die eine Motivation schließt die andere natürlich nicht aus. Nachprüfbar gesichert ist: Die Summen, die Risiko-Investoren in Langlebigkeitsunternehmungen stecken, sind in den letzten Jahren stark angestiegen.

Im Januar 2022 ging Altos Labs mit einem Startkapital von drei Milliarden US-Dollar als das am besten finanzierte Start-up in die Wirtschaftsgeschichte ein. Geführt wird das Unternehmen von dem Zellbiologen Richard D. Klausner, der zuvor das amerikanische National Cancer Institute mit 5000 Mitarbeitern leitete. Zu den Frühinvestoren gehören der russisch-israelische Tech-Investor Yuri Milner und wohl auch Jeff Bezos, der sich allerdings bei seinen Longevity-Engagements öffentlich bedeckt hält. Im Aufsichtsrat sitzen mit Jennifer Doudna, Frances Arnold Hamilton und David Baltimore gleich drei Nobelpreisträger.

Altos Labs unternimmt dabei nur den jüngsten großen Versuch, für den sich digitale Tech-Entrepreneure mit führenden Biotechnologen zusammenfinden. 2013 gründete Google seine Tochtergesellschaft California Life Company, kurz Calico, und stattete diese in den folgenden Jahren mit rund 850 Millionen US-Dollar Kapital aus. Ebenfalls 2013 riefen der durch seine Arbeiten zur Gen-Sequenzierung bekannt gewordene Biotechnologe Graig Venter und der Ex-Google-Manager Peter Diamandis die Human Longevity Inc. mit Sitz in San Diego ins Leben. Auch sie sammelten in kurzer Zeit rund 300 Millionen US-Dollar ein, und gingen strategische Forschungspartnerschaften mit Großunternehmen aus der Pharmabranche wie Celgene und AstraZeneca ein.

Auch verschiedenen Non-Profit-Organisationen gelang es in den letzten Jahren, hunderte Millionen US-Dollar an privatem Kapital für Altersforschung zu sammeln und diese Mittel dann an öffentliche oder halb-öffentliche Anti-

Aging-Forschungsteams zu verteilen. Zu den bekanntesten zählt die SENS Research Foundation, die Aubrey de Grey bereits 2009 ins Leben gerufen hatte. (de Grey musste 2021 den Vorstand wegen Vorwürfen sexueller Belästigung verlassen.) Ein wichtiger Geldgeber der SENS Foundation war der Karlsruher Mitgründer von Web.de, Michael Greve. Der wiederum kündigte im Sommer des gleichen Jahres an, über seine Investmentfirma Kizoo Technology Ventures 300 Millionen Euro in »Rejuvenation-Start-ups«, also vor allem in junge Unternehmen mit radikalen Ansätzen zu investieren, die den Zellalterungsprozess nicht nur aufhalten, sondern umkehren wollen. Der für seine Studien mit Hochbetagten, sogenannten Centenarians, bekannte israelisch-amerikanische Altersforscher Nir Barzilai berichtet von Krypto-Millionären unter 30, die seine Forschung mit Millionenbeträgen teilweise als Spende ohne direkte, festgelegte Gegenleistung fördern.

Mit hoher Wahrscheinlichkeit werden die Investitionen in Langlebigkeitsmedizin in den kommenden Jahren weiter stark ansteigen. Das Thema ist bei den Risikokapital-Fonds nun fest auf dem Radar und besonders in der Start-up-Welt gilt: Geld zieht weiteres Geld an. Human Longevity ging im Herbst 2022 an die Börse und sorgte damit für den ersten großen Investitionserfolg eines Longevity-Start-ups. Die Vorreiter insgesamt haben ein geronto-biologisches Ökosystem geschaffen. Nach erfolgreichen Firmenverkäufen oder Börsengängen, den sogenannten Exits, investieren Gründer und Kapitalgeber in die nächste Start-up-Generation. Radikale Innovatoren der Anti-Aging-Medizin kommen heute leichter an Kapital heran, um ihre Ideen in den Laboren zumindest anzutesten. Dass die Risikokapitalgeber mit privatem Geld vorpreschen, hat dabei eine erwünschte Nebenwirkung. Die öffentliche Forschungsförderung ist in den letzten Jahren sowohl in den USA als auch Europa flexibler geworden. Sie finanziert zunehmend auch Studien in der Langlebigkeitsmedizin mit, sofern diese sich auch für den Kampf gegen altersbedingte Krankheiten wie Krebs, Demenz oder Diabetes auszahlen könnten. Dies führt dann zu weiteren sich selbst verstärkenden Effekten. Risikokapital hebt die öffentliche Grundlagenforschung für radikale biotechnologische Ansätze auf ein Niveau der Vorstufen der klinischen Entwicklung. Besseres Verständnis der Grundlagen zieht dann wieder neues Risikokapital für die anwendungsorientierte Forschung und klinische Erprobung an – mit dem doppelten Ziel, gesundes Leben deutlich zu verlängern und zugleich den ersten kommerziellen Longevity-Blockbuster zu landen.

Welche Longevity-Ansätze versprechen Erfolg?

Mit welchen Ansätzen könnte gesundes Leben verlängert werden? Parabiose ist wie gesagt ein Kandidat im Forschungs- und Entwicklungstopf, auch wenn bis jetzt noch völlig unklar ist, von wem eigentlich das ganz junge Blut kommen soll, das immer mehr alten Menschen zugeführt werden soll. Einfacher und ethisch unproblematisch wäre es, wenn sich etwa neuere Erkenntnisse aus der Ernährungsforschung langfristig bestätigen ließen.

Reduziert man bei Fadenwürmern, Mäusen, Ratten, Fischen und Rhesusaffen die Kalorien deutlich und hält gleichzeitig die Nährstoffe in der Diät hoch, verlängert sich ihre Lebensspanne, in der sie gesund weiterleben. Bei Mäusen sind dies rund 40 Prozent. Unter Longevity-Jüngern besonders in den USA sind Diäten mit radikaler Kalorienreduzierung (sogenannte CR für Calorie Reduction) bei hoher Nährstoffversorgung sehr populär. Aussagekräftige Langzeitstudien mit Menschen sind noch nicht verfügbar, was in der Natur der Sache liegt. Die Studien haben erst vor einigen Jahren begonnen, und die Menschen müssen ja erst ziemlich alt geworden sein, bevor verlässliche Daten über einen tatsächlichen Erfolg vorliegen können. Erschwerend kommt hinzu, dass CR-Diäten in Bezug auf Einkauf und Zubereitung sehr aufwendig sind und die Dauerfastenden ständig Hunger haben. Das zieht hohe Abbruchquoten nach sich. Doch deuten Zwischenergebnisse mit kleineren Probandenzahlen darauf hin, dass die Diät zumindest bei Herz-Kreislauf-Krankheiten die gewünschten Effekte erzielt. Wer konsequent nach CR-Diät lebt, hat laut einer Studie der Washington School of Medicine kardiologische Werte von 20 Jahre jüngeren Menschen, die sich durchschnittlich gesund ernähren. Auch Intervallfasten, Frieren und intensive Sporteinheiten können Verjüngungseffekte auslösen. Der mikrobiologische Grund scheint der gleiche wie bei CR zu sein.

Hunger, Kälte und körperliche Anstrengung regen im Körper auf natürliche Weise die Produktion der Verbindung Nicotinamid-Adenin-Dinucleotid (NAD) an. NAD wiederum bildet die Voraussetzung dafür, dass die sogenannten

Sirtuine ihre Arbeit gut erledigen. Sirtuine gehören zu den epigenetischen Regulatoren. Diese ›Langlebigkeitsgene‹ weisen den Zellen, wenn sie im Körper entstehen oder sich teilen, ihre jeweiligen Aufgaben zu. Je jünger der Körper ist, desto reibungsloser funktioniert dieser Prozess.

Im Alter nimmt diese Steuerungsleistung der Sirtuine schrittweise ab, denn diese üben noch eine zweite, wichtige Aufgabe aus. Die ›Langlebigkeitsgene‹ sind in ihrem Zweitjob Feuerwehr und technisches Hilfswerk der Zellen. Sie kommen immer dort zum Einsatz, wo es virale oder bakterielle Brände zu löschen gilt oder die DNA repariert werden muss. Je älter wir werden, desto häufiger sind die Sirtuine im Katastropheneinsatz und desto seltener können sie dafür sorgen, dass unsere Zellen sich erneuern wie die eines Kindes oder Jugendlichen.

NAD-Stimulatoren, Chaperone, Lyse

Das alles bedeutet im Umkehrschluss: Wer es schafft, die Produktion von NAD in den Zellen dauerhaft hochzuhalten, altert langsamer. Die meisten Menschen hungern und frieren jedoch ungern. Körperliche Anstrengung ist leider anstrengend. Wer kann und will das ein Leben lang durchhalten? Zudem ist die richtige Dosierung bei allen drei natürlichen Methoden schwierig. Für die Mehrzahl der Menschen kämen wohl nur Medikamente in Frage, die den gleichen Effekt erzielen. Aussichtsreiche Kandidaten hierfür sind die Wirkstoffe Rapamycin, das aus einem pilzhemmenden Bakterium von der Osterinsel Rapa Nui gewonnen wird, und der verhältnismäßig günstige Diabetes-

Wirkstoff Metformin. Beide sind NAD-Stimulatoren und scheinen auch einen positiven Effekt auf das sogenannte TOR-Gen zu haben. Auch TOR übernimmt Reparaturarbeiten in den Zellen, wenn es seiner Hauptaufgabe nicht gerecht werden muss, den Stoffwechsel bei hoher Nahrungszufuhr zu organisieren.

Bei Fruchtfliegen und Mäusen verlängern Rapamycin und Metformin sowohl die sogenannte Healthspan, also jene Phase unseres Lebens, in der wir gesund sind, als auch das Lebensalter. Dass dies auch beim Menschen der Fall ist, scheint wahrscheinlich zu sein, ist aber noch nicht ausreichend belegt. Auch hier laufen die Langzeitstudien noch zu kurz, die Zwischenergebnisse sind deshalb wenig aussagekräftig. In eine ähnliche Richtung wie NAD und TOR-Stimulierung zielen Versuche, den sogenannten Insulin Growth Factor (IGF) im Alter besser zu regulieren. Die medizinische Hypothese lautet hier: Bei hohem Niveau des IGF neigen Zellen in Organismen zu Wachstum, bei niedrigem zu Wartung und Reparatur. Im Zusammenhang mit IGF-Wirkstoffen hat die Suche jedoch erst begonnen.

Ebenfalls jung sind Forschungsansätze zur Proteinklasse der Chaperone. Diese unterstützen in den Zellen neu entstandene Proteine bei der Faltung und verhindern dabei, dass sie mit schädlichen Proteinen in Kontakt geraten und sich dann zu schädlichen Proteinknäueln verheddern. Daher der Name: Chaperon bedeutet ›Anstandsdame‹.

Zunehmende Aufmerksamkeit widmen Forscher den enzymatischen Prozessen mit Müllabfuhr- und Recyclingfunktion der Zellen. Bei der sogenannten Lyse werden gestörte Proteine zunächst zerkleinert. Im Anschluss werden sie aus den Zellen heraustransportiert und das kostbare Material wiederverwertet. Die Evolution hat diese komplexen zellulären Prozesse außerordentlich clever und effizient entwickelt. Leider funktionieren sie mit steigender Anzahl der Lebensjahre immer schlechter – vermutlich gerade wegen ihrer hohen Komplexität. Das Ziel ist klar: Wenn es gelingt, Müllabfuhr und Recycling der Zellen länger stabil zu halten, dann werden wir langsamer altern. Der Weg dorthin ist für alle hier genannten Ansätze noch weit.

Senolytik und Telomerase

Zu den bekanntesten und erfolgversprechendsten Ansätzen der Langlebigkeitsforschung gehören die Senolytik und die Telomerase. Bei der Senotherapie geht es ebenfalls um eine Müllabfuhrfunktion, jedoch nicht innerhalb der Zelle, sondern von seneszenten Zellen, auch Zombiezellen genannt. Diese Untoten des Zellgewebes teilen sich nicht mehr und erfüllen auch nicht mehr ihre einprogrammierten Funktionen. Doch sterben seneszente Zellen auch nicht ab und machen damit der folgenden Zellgeneration Platz. Stattdessen läuft ihr Stoffwechsel weiter auf Hochtouren. Auf diese Weise blockieren sie den gesamten Erneuerungsprozess. Mit hoher Wahrscheinlichkeit spielen Zombiezellen bei Demenz eine wichtige Rolle. Ein wichtiger Schlüssel gegen die Alterserkrankungen des Gehirns könnte darin liegen, die Zombies zu killen und abzutransportieren. Eine biomedizinisch noch elegantere Methode wäre es, sie gar nicht erst entstehen zu lassen, sondern Zellen von vorneherein viel langlebiger zu machen. Darin besteht wiederum der Ansatz der Telomerase.

Die Enden unserer DNA-Stränge werden Telomere genannt. Sie verhindern, dass die Stränge unserer DNA ausfransen und funktionieren dabei ähnlich wie die kleinen Plastik-Schutzkappen an den Enden von Schnürsenkeln. Mit jeder Zellteilung verkürzen sich die Telomere. Irgendwann werden sie zu kurz. Im günstigeren Fall tötet sich die Zelle dann per Apoptose durch Enzyme, im ungünstigeren mutiert sie zur Zombiezelle. Der menschliche Körper hat gegen die Telomerverkürzung einen natürlichen Abwehrmechanismus entwickelt: Das Enzym Telomerase kann die Telomere in sich kontinuierlich teilenden Zellen wie Keimzellen, Stammzellen und bestimmten Immunzellen wieder verlängern. Leider produziert der alte Körper nicht genug von diesem Enzym. Die Forschungsfrage hier lautet entsprechend: Wie kann man Telomerase ausreichend produzieren, damit auch alte Zellen sich weiter teilen?

Stammzellentherapie und Organzüchtung

Bei Senolytik und Telomerase kommt die Wissenschaft langsam aber stetig voran. Wann die ersten Anti-Aging-Produkte zugelassen werden, ist schwer vorauszusagen. Ihre Wirkung könnte erheblich sein, aber vermutlich nicht so wirkungsvoll wie die aus heutiger Sicht größten Hebel der Langlebigkeitsmedizin. Hierzu zählen die Stammzellentherapie, die Organzüchtung und die Genom-Editierung.

Stammzellen sind Alleskönner. Sie produzieren die Spezialisten unter den Zellen. Ein Embryo besteht zunächst ausschließlich aus (sogenannten pluripotenten) Stammzellen. Mit reger Teilung und Zuweisung der Funktion an Zellen wie etwa Blutzellen, Hautzellen oder Nierenzellen bauen sie den Körper in seiner kaum begreiflichen Komplexität. In der Wachstumsphase von Kindheit und Adoleszenz sind die Stammzellen in Bestform. Doch auch als Erwachsene haben wir noch reichlich von ihnen. Sie erneuern dann weiter die Gewebe und Organe mit frischen Spezialistenzellen. Nach dem Höhepunkt der reproduktiven Phase, also ab dem vierten Lebensjahrzehnt, nimmt diese Fähigkeit der Stammzellen jedoch ab. Auch die Anzahl der Stammzellen sinkt dann kontinuierlich.

Die Wissenschaft versteht bis heute nur oberflächlich, wie genau Stammzellenabbau und Alterserscheinungen ursächlich miteinander zusammenhängen. Entsprechend unsicher ist sie bei der Empfehlung von therapeutischen Ansätzen. Wichtige Hinweise könnten die Stammzellentherapien mit Rückenmark-Spenderzellen für Blutkrebs geben. Funktionstüchtige Stammzellen eines (oft jüngeren) Spenders ermöglichen es Blutkrebspatienten, den Tod zu überwinden, indem sie die Blutzellen bildenden Stammzellen ersetzen, die durch Krebs außer Rand und Band geraten sind.

Ein anderer Weg führt aus dem Körper heraus: Dank Stammzellen könnten im Labor massenhaft maßangefertigte Organe für jeden alternden Menschen gezüchtet werden. Herz und Niere, Auge und Blutgefäß: Alle könnten im Just-in-time-Ersatzteillager bereitliegen und bei regelmäßiger Wartung in ferner Zukunft voll automatisiert durch Chirurgie-Roboter ausgetauscht werden.

Eine große Herausforderung für die Longevity-Forschung bei Stammzellentherapien besteht jedoch darin, es zu vermeiden, auf Spenderzellen angewiesen zu sein. Passende Spender sind schwer zu finden, und die komplizierte Entnahme der Zellen aus ethischen Gründen kaum einzufordern. Ziel ist es deshalb, voll funktionstüchtige Stammzellen aus dem eigenen Körper zu klonen oder andere Zellen in die pluripotenten Alleskönner zu reprogrammieren.

Die wissenschaftliche Grundlage hierfür legte 2006 der japanische Stammzellenforscher Shin'ya Yamanaka. Er veränderte in Mäusezellen vier sogenannte Transkriptionsfaktoren, also Proteine, die bestimmte Abschnitte auf der DNA ab- oder ausschalten. Die vier Yamanaka-Faktoren wiederum reichen aus, um differenzierte Körperzellen der Maus und die genetische Information in ihrem Zellkern in den Zustand von embryonalen Stammzellen zurückzuführen. Für diese Erkenntnis erhielt der Japaner 2012 den Medizin-Nobelpreis. Doch für den Einsatz gegen die allgemeine Alterung im Menschen ist der Ansatz noch nicht weit genug entwickelt.

Künstlich erzeugte pluripotente Stammzellen haben die unschöne Eigenschaft, krebsartige Tumore, sogenannte Teratomas, hervorzurufen. Es ist wahrscheinlich, dass die Biomedizin die unerwünschten Nebenwirkungen der Zellreprogrammierung in den Griff bekommt. Die Frage ist eher, wann, als ob ihr das gelingen wird.

Besonders die raschen Fortschritte bei den Werkzeugen der Biotechnologie, wie beispielsweise bei immer besseren Genscheren, geben den Gentechnikern Anlass für Optimismus. An diesem Punkt wären wir dann bei den wohl weitreichendsten Ansätzen der Langlebigkeitsforschung, nämlich bei den direkten Eingriffen in die menschliche DNA.

Heute kennen Genetiker mehrere Dutzend Gene, die den Alterungsprozess beeinflussen und die wir Menschen mit vielen Tieren, aber auch mit Hefe und anderen multizellularen Organismen teilen. In vielen Experimenten ist es gelungen, diese Alterungsgene (und ihr Zusammenspiel) in Genregulationsnetzwerken (GRN) so zu manipulieren, dass Hefekulturen, Würmer, Fruchtfliegen und Nagetiere gesünder altern und länger leben. Das Ziel lautete dabei stets, genetisch codierte Alterungsfunktionen auszuschalten und durch die Natur bereits angelegte Erneuerungs- oder Reparaturmechanismen zu stärken. Beides muss selbstverständlich ohne gravierende Nebenwirkungen möglich sein, die uns dem Tod wieder näherbringen können, und das macht die Dinge noch einmal deutlich schwieriger.

Die Veränderung der genetischen Funktion kann durch Wirkstoffe erfolgen, die in die Zellen eingebracht werden, wie etwa dadurch, mRNA einzuschleusen. Einige alterungsrelevante Wirkstoffe dieser Gentherapien befinden sich bereits in klinischer Erprobung in der Hoffnung, dass sie in der Krebstherapie und gegen Diabetes zugelassen werden. In den kommenden Jahren sind erhebliche Fortschritte zu erwarten. Doch wird man auch hier erst in einigen Jahrzehnten genau wissen können, welche Auswirkungen sie tatsächlich auf das Altern haben. Noch vielversprechender sind Werkzeuge wie die Genschere CRISPR, mit der Biotechnologen DNA gezielt zerschneiden und verändern können.

Für die Entwicklung der CRISPR-Cas9-Methode bekamen Jennifer Doudna und Emmanuelle Charpentier 2020 den Nobelpreis in Chemie. Die heute verfügbaren Genscheren arbeiten mit Enzymen (die Cas), mit der sich einzelne DNA-Sequenzen gezielt aus dem ganzen Strang herauslösen und ersetzen lassen. Tierversuche geben Anlass zur Hoffnung, dass durchschlagende Therapie-Erfolge bei vielen Krankheiten von Krebs über Hämophilie und Malaria bis zu Sichelzellen- und Huntington-Krankheit mit Gen-Editierung erzielt werden könnten. CRISPR hat die Gen-Editierung so vereinfacht, dass Bio-Hacker an sich selbst Versuche durchführen können (und dies auch machen), um beispielsweise mit Katzengenen ihre Nachtsicht zu verbessern. Dabei hat bisher die CRISPR-Genschere, bildlich gesprochen, wohl eher die Präzision einer groben Papierschere. Niemand weiß, was mit den nächsten Generationen gentechnischer Veränderungsverfahren mit einer um vielfach höheren Präzision bei wachsendem Wissen der Genetik möglich sein wird. Die Gen-Editierung ist im Zusammenspiel mit der Bioinformatik, die die Geheimnisse der molekularbiologischen Prozesse mit Massendaten zu entschlüsseln versucht, die größte Wundertüte der Longevity-Forschung.

Vielleicht stecken in dieser Wundertüte biotechnische Innovationen, die die Altersgrenze auf einen Schlag erheblich verschieben können. Vielleicht wird aber auch viel weniger aus ihr herauskommen, als Gentechniker und synthetische Biologen lauthals versprechen, wenn sie auf Kapitalsuche sind.

Futuristen und Transhumanisten wie Ray Kurzweil denken im Spiel um das ewige Leben konzeptionell größer – und technisch kleiner. Nanoroboter, so die Vorstellung, könnten in unbestimmter Zukunft durch unseren Körper sausen und per Knopfdruck des Arztes oder auf Hinweis eines Algorithmus jene Organe ansteuern, bei denen Wartungsarbeiten anstehen oder ein Akuteinsatz nötig wird.

Sollte es kommenden Medizinergenerationen nicht gelingen, die biologische Altersgrenze erheblich zu verschieben, befeuern an ihrer Stelle die Informatiker und KI-Wissenschaftler vielleicht riesige Innovationssprünge. Unsere Nachfahren, so meint die Cyborg-Community, könnten zukünftig ihr Bewusstsein (oder ihre Seele?) in ein Computernetzwerk hochladen. Wir könnten dann ohne biologische Körper für immer im Cyberspace weiterleben.

Im bunten Spektrum radikaler Technik-Utopisten begegnen uns auch Cryoniker. Diese konservieren ihre Körper nach dem Tod bei minus 196 Grad Celsius in flüssigem Stickstoff und hoffen darauf, dass irgendeine Langlebigkeitsmethode irgendwann medizinische Realität wird. Dass die Mediziner in Zukunft tiefgefrorene Menschen auch wieder zum Leben zu erwecken können, setzen die Tiefgefrorenen voraus. Auf den ersten Blick betrachtet ist diese Wette auf medizinischen Fortschritt vielleicht nicht so schlecht, zumal die Angebote auf Tiefkühlung in den USA bei 30 000 US-Dollar beginnen. Deutlich billiger wird es, wenn man nur den Kopf oder das Gehirn einfrieren lässt. Mehrere tausend Menschen haben sich nach ihrem Ableben bereits in Stickstoff bringen lassen oder dies für den Zeitpunkt ihres Todes arrangiert. Doch nicht alles läuft rund: Seit den 1970er Jahren sind einige Cryonik-Firmen bereits wieder pleitegegangen. Die toten Kunden wurden in diesen Fällen vertragsgemäß bestattet. Die Tiefkühlwette kann natürlich auch dann nur aufgehen, wenn der Strom 30 oder 300 Jahre nicht ausfällt.

Vielleicht ist es unangemessen, die futuristischen Methoden als vollständigen Unsinn abzuqualifizieren. Auch in diesen Fällen gilt natürlich, dass wir gar nicht wissen können, was die Menschheit in hundert oder tausend Jahren weiß und kann. Wir wissen allerdings, dass wir heute noch nicht wissen, wie solche Durchbrüche technisch möglich werden könnten. Für die beschriebenen molekularbiologischen und gentechnischen Fortschrittsansätze der Longevity-Medizin gilt das bei aller wissenschaftlichen Unsicherheit und nötigen Skepsis vor dem Marketing-Sprech der Biomedizin-Start-ups nicht mehr.

Altern im Jahr 2145

Szenarien, in denen viele Menschen deutlich älter werden als Jeanne Calment, sind aus heutiger Sicht ›plausibel‹. Darunter versteht die Szenario-Forschung: Führt man aktuelle Daten und Trends weiter, können ›plausible‹ Szenarien tatsächlich Realität werden. Wir sind allerdings nicht in der Lage, für ihr Eintreten eine konkrete Eintrittswahrscheinlichkeit zu errechnen.

Die Französin Jeanne Calment ist der einzige Mensch, der nachweisbar über 120 Jahre alt wurde. Sie fuhr mit über 100 Jahren noch Fahrrad. Erst mit 110 Jahren zog sie in ein

Pflegeheim. Mit 118 Jahren gab sie das Rauchen auf, allerdings nicht aus gesundheitlichen Gründen, sondern weil sie ihre Zigaretten nicht mehr selbst anzünden konnte. Ihre Unabhängigkeit war ihr zu wichtig, um auch noch beim Rauchen auf andere angewiesen zu sein. Bei Schokolade und Portwein griff sie weiter gerne zu.

Calment wurde am 21. Februar 1875 in Arles geboren und starb 1997 im Alter von 122 Jahren und 164 Tagen. Im Jahr 1875 hatte ihr Landsmann Louis Pasteur gerade entdeckt, dass Krankheiten von Keimen übertragen werden. Niemand wusste damals, dass es so etwas wie Gene gibt, die Erbinformationen weitergeben. Als Calment ein Kind war, entdeckte die Wissenschaft die Röntgenstrahlen. Im Laufe ihres Lebens entwickelten Chemiker, Biologen, Mediziner und Pharmakologen Insulin und Penicillin, Chemotherapien gegen Krebs und Impfungen für nahezu alle Kinderkrankheiten, Dialyse und Statinen. Als Jeanne Calment am 4. August 1997 als ältester Mensch aller Zeiten verstarb, war das menschliche Genom nahezu entschlüsselt.

Ein Kind, das heute geboren wird und so lange lebt wie Calment, wird das Jahr 2145 erleben. Vielleicht, oder vermutlich, hat dieses Kind dann noch einige, vielleicht sogar viele Jahrzehnte eines gesunden Lebens vor sich. Das ist die Voraussetzung, unter der die Leitfragen der kommenden beiden Kapitel diskutiert werden sollen: Welche persönlichen Herausforderungen ergäben sich im Angesicht von extremer Langlebigkeit im Vergleich zu den Leben, die wir heute führen? Und was könnte dies für Gesellschaften bedeuten, in denen viele Menschen leben, die so alt werden wie Riesenschildkröten, Grönlandhaie – oder gar noch älter?

3 Wäre ein langes Leben sterbenslangweilig?

David William Goodall kommt im Norden Londons zur Welt, kurz bevor der Erste Weltkrieg ausbricht. 1935 macht er, im Alter von 21 Jahren, seinen Bachelor of Science am renommierten Imperial College. Bei Ausbruch des Zweiten Weltkriegs muss er zur medizinischen Musterung der Royal Navy. Trotz Eignung wird der Doktorand in Botanik nicht zum Kriegsdienst eingezogen. Seine Forschung gilt vor dem Hintergrund knapper Lebensmittel als außerordentlich wichtig, auch und besonders für die britische Landwirtschaft.

2017 sitzt der Botaniker David Goodall in einer australischen Talkshow. Die Moderatorin fragt ihn: »Warum fahren Sie denn immer noch an vier Tagen pro Woche in Ihr Büro in Ihrer Universität?« Der 103-Jährige antwortet: »Was soll ich denn sonst machen?« Raus zu den Feldexperimenten könne er leider nicht mehr, da ihm das Laufen im Gelände doch mittlerweile recht schwerfalle. »Da bleibt mir doch gar nichts anderes übrig, als am Schreibtisch wissenschaftliche Studien zu begutachten und herauszugeben«, sagt der älteste aktive Wissenschaftler Australiens. Das Publikum lacht. Die Moderatorin ebenfalls. Goodalls Sinn für Humor funktioniert auch mit 103 noch generationenübergreifend.

Im Laufe seiner sieben Jahrzehnte langen wissenschaftlichen Laufbahn in England, mit Professuren in den USA, Afrika und Australien, hat der Botaniker mehr als 100 eigene Studien publiziert. In seiner Zunft wurde er mit statistischen Modellen für Pflanzengemeinschaften bekannt. 1979 ging Goodall offiziell in den Ruhestand. An der Universität von Perth in Westaustralien lehrte und forschte er einfach weiter. Von schweren Krankheiten blieb Goodall verschont. Mit knapp 100 war der Pflanzenforscher noch Chefredakteur der 30-bändigen Buchreihe *Ecosystems of the World*. Ein Jahr nach dem Talkshow-Auftritt kam dann auch für den Botaniker der körperliche Einbruch. Er stürzte in seiner Wohnung und wurde erst zwei Tage später gefunden. Die Ärzte rieten ihm, besser in ein Pflegeheim zu ziehen. Stattdessen flog David Goodall in die Schweiz und beendete am 10. Mai 2018 sein Leben, unterstützt von der Sterbehilfeorganisation Eternal Spirit. Am Vorabend des assistierten Freitods gab er in Basel noch ein Interview: Er forderte, aktive Sterbehilfe auch endlich in Australien rechtlich zuzulassen. Und er betonte: »Ich bin glücklich darüber, ein glückliches Leben zu beenden.«

Wenn Seelen altern

David Goodall durfte (mit kleinen Abstrichen und natürlich ohne weiße Wunderpille) das Leben entsprechend dem ersten Szenario unseres Gedankenexperiments leben. Damit ist er gleich zweifach Teil einer kleinen Minderheit: Wenige werden über 100 Jahre alt. Und von den Hochbetagten sind nur wenige noch geistig fit, grundsätzlich optimistisch und guter Dinge – und haben keine chronischen Schmerzen. Die erste große Aufgabe von Longevity-Medizin besteht darin, aus solchen Ausnahmen den Normalfall zu machen.

Das Leben sehr alter Menschen ist heute in aller Regel noch mühsamer, als sich junge Menschen das vermutlich vorstellen können. Wach zu sein bedeutet für viele Hochbetagte, Schmerzen zu spüren. Viele Sinnesorgane funktionieren schlecht oder gar nicht mehr. Selbst wenn das Gehirn noch kognitiv leistungsfähig ist, so können Hoch- und Höchstbetagte oft schlecht oder gar nicht mehr hören, sehen, riechen und schmecken. Im schlimmsten Fall kommen noch Angstzustände und Depressionen hinzu.

So beschreibt Ursula Müller-Werdan, Direktorin der Klinik für Geriatrie und Altersforschung der Berliner Charité das Leben vieler ihrer Patientinnen und Patienten. Müller-Werdan gehört unter den Medizinern nicht zur Fraktion der Futuristen. Doch hält auch sie Altern für eine Krankheit und geht davon aus, dass es in den kommenden Jahrzehnten sehr viel mehr Menschen geben wird, die in physisch und psychisch relativ gutem Zustand aus einem langen Leben gehen. »Wer gesund ist, hat vielleicht auch noch mit 115 Spaß«, sagt die Berliner Altersforscherin. Im Gegenzug verweist sie darauf, dass die psychischen Aspekte in Diskussionen über Langlebigkeit oft unterschätzt oder vor lauter Euphorie über Fortschritte dabei, Zellalterungsprozessen aufzuhalten, ganz übersehen werden.

Sollte es der Medizin in den kommenden Jahrzehnten gelingen, die physische Alterung aufzuhalten, bleibt immer noch das Problem der Alterung der Seele zu lösen. Grundsätzlich gesehen, ist die psychische Alterung zunächst einmal abgekoppelt von der körperlichen Alterung. Wer sich also die weiße Pille aus dem Gedankenexperiment wünscht, sollte direkt mitbedenken: Es ist auch bei guter Gesundheit und materiellem Wohlstand in der Regel eine große Herausforderung, die Zeit zwischen dem 80. und 100. Lebensjahr sinnvoll und freudvoll zu gestalten.

Wissenschaftler können auch bei schrittweise sinkender Leistung und geringem externen Leistungsdruck ihrer Passion nachgehen. Doch wie gelingt ein gleitender Übergang von der Erwerbsarbeit zur erfüllenden Beschäftigung im Alter bei Mittelstufen-Lehrern, Pflegern oder Dachdeckern? Manchen Menschen dürfte es auch mit 115 Jahren noch gelingen, sich sinnvoll die Zeit zu vertreiben. Für viele müsste das aber wohl gesellschaftlich organisiert werden. Im Alter ist soziale Bindung für das psychische Wohlbefinden mindestens so wichtig wie in Jugend und Lebensmitte, sie lässt sich aber schwieriger organisieren. Und selbst wenn Hochbetagte eigentlich noch mobil sind, nimmt deren Offenheit für neue soziale Beziehungen oft ab.

Ursula Müller-Werdan ist davon überzeugt, dass Szenario 1 nur dann für den Einzelnen eine wünschenswerte Zukunft werden kann, wenn Neugier und Interesse für andere erhalten bleiben – im Idealfall für neue Beziehungen und vielleicht sogar für neue Liebesbeziehungen. Das ist vermutlich möglich, aber sicher nicht leicht. Andererseits gäbe es in einer solchen Zukunft dann viele Hochbetagte, die miteinander neue Bünde schließen könnten.

Die Struldbrug-Dystopie

In der Literatur hat Langlebigkeit oftmals einen schlechten Ruf. Die Langlebigen sind meist bemitleidenswerte, oft niederträchtige Charaktere. Oscar Wildes Dorian Grey wird im Laufe der Jahrzehnte immer habgieriger, maßloser und grausamer. Seine Sünden schreiben sich für alle sichtbar in sein Bildnis ein. Untote und Vampire haben eine ganze Gattung an Horrorbüchern, Filmen, Musicals und Computerspielen mit Blut gefüllt. Die tragische Heldin Emilia Marty in der tschechischen Oper *Die Sache Makropulus* kann einem leidtun, wenn sie Versuchskaninchen alchimistischer Experimente ihres Vaters wird und als unglückliche Femme fatale mit 42 Jahren mit wechselnden Namen durch die Jahrhunderte wandert und manisch Männern den Kopf verdreht, bis sie schließlich im Alter von 342 Jahren zu dem Schluss kommt: Der Tod ist besser als das Leben. Dem Fliegenden Holländer ergeht es ähnlich. Für immer Segeln ist selbst dann nicht erträglich, wenn Segeln die größte Leidenschaft ist.

Noch übler ergeht es den unsterblichen Struldbrugs aus *Gullivers Reisen*: Als Lemuel Gulliver auf der Insel Luggnagg erstmals von ihnen hört, beneidet er sie zunächst für ihre »grenzenlosen Möglichkeiten« und »göttliche Freiheit«. Die Sterblichen der Insel lachen Gulliver jedoch aus, weil er offenkundig ewiges Leben mit ewiger Jugend verwechsele. Die Struldbrugs sind einem anderen Schicksal unterworfen. Sie altern ewig und werden zu gebrechlichen und gelangweilten, missgünstigen und zynischen Schatten ihrer selbst. Ihre eigentliche Funktion wird Gulliver dann recht schnell klar: Die Sterblichen werden durch die Struldbrugs fortlaufend daran erinnert, dass sie für ein endliches Leben dankbar sein sollten. Gulliver selbst muss feststellen: »Ich fing an, mich der angenehmen Wunschbilder, die ich ersonnen hatte, von Herzen zu schämen, und ich dachte, kein Tyrann könne einen Tod erfinden, in den ich nicht mit Freuden aus einem solchen Leben gehen würde.«

Selbst im per Definition technik-begeisterten Genre der Science-Fiction führt die Langlebigkeit überraschend oft in die Dystopie. Ein jüngeres Beispiel hierfür bildet die Netflix-Serie *Altered Carbon – Das Unsterblichkeitsprogramm*, die im 24. Jahrhundert spielt. Bewusstsein kann digital gespeichert werden. Die Tötung menschlicher Körper gilt daher nur noch als Sachbeschädigung. Die wohlhabende Klasse der unsterblichen »Meths« tötet unter diesen Bedingungen oft und gerne.

Warum kommt das ewige Leben in der Kultur so oft so schlecht weg? Unterliegen die Autoren – und wir als Gesellschaft – einer mentalen Selbstbeschränkung getreu dem Prinzip: Weil wir bisher keine Chance hatten, gesund und glücklich, aktiv und neugierig 150 Jahre oder älter zu werden, konzentrieren Literatur und Kultur sich auf die Vorteile der Endlichkeit. Oder haben die französischen Existentialisten wie Jean-Paul Sartre, Simone de Beauvoir und Albert Camus einen so nachdrücklichen Eindruck hinterlassen? Und reden wir uns den Tod schön, weil wir wissen, dass er unausweichlich kommt? Vielleicht spielen bei der Abwehrhaltung der Überwindung des Todes selbst in säkularen Kulturen auch religiöse Prägungen noch eine wichtige Rolle. Mit Unsterblichkeit auf Erden wäre die christliche Erzählung des ewigen Lebens dank göttlicher Erlösung ja endgültig überholt. Die Schöpfung des Menschen ist aber eine Gottes-Aufgabe, kein gesellschaftlicher Auftrag für Molekularbiologen. Der atheistisch, also rational-wissenschaftliche entsprechende Gedanke hierzu lautet: Mit Longevity-Forschung pfuscht der Mensch der Evolution mit einer Wucht ins Handwerk, dass der Versuch aller Voraussicht nach deutlich mehr Schaden anrichten als Nutzen stiften wird. Sollte also bereits der Versuch strafbar sein?

Die Longevity-Enthusiasten sind überzeugt: Die Menschheit wird ihr selbstlimitierendes Mindset umgehend überwinden, wenn die biotechnologische Möglichkeit besteht, das Leben in Gesundheit radikal zu verlängern. Alle werden die weißen und gelben Pillen schlucken wollen, sobald sie verfügbar sind. Ein Indiz hierfür könnte sein, wie schwer es Menschen selbst mit großen Schmerzen, Gebrechen und psychischen Belastungen fällt, vom Leben loszulassen. Die Sehnsucht nach und souveräne Entscheidung für den (assistierten) Suizid, wenn die Zeit gekommen ist, bleibt die Ausnahme, nicht die Regel. Wenn es soweit ist, halten es die meisten von uns mit den Kerngedanken des amerikanischen Philosophen Thomas Nagel: Der Tod beraubt uns unserer Existenz und damit der Möglichkeit, weitere Erfahrungen zu machen. Er nimmt uns alles, unabhängig davon, wann er kommt, was wir nach unserem Tod erleben könnten. Das ist für Nagel »schlecht«. Entsprechend ist es rational, so lange wie möglich weiterleben zu wollen. Wir halten es grundsätzlich für besser, wenn ein Mensch mit 90 Jahren stirbt und nicht schon mit 10 Jahren. Warum sollte es daher nicht besser sein, mit 190 zu sterben, als mit 90? Ein Leben ergibt dann Sinn, wenn der Lebende es für sinnvoll erachtet. Das gilt theoretisch auch für das ewige Leben.

Der britische Ethiker Bernard Williams vertritt die Gegenthese zu Nagel: Der Tod ist gut. Ein ewiges Leben muss zu unerträglicher Langeweile führen, so Williams, weil wir immer wieder die gleichen Erfahrungen machen müssten. Aus dieser Schwierigkeit führt neben dem Tod nur eine Alternative heraus: Um unerträgliche Langeweile zu vermeiden, müssten wir uns so stark selbst verändern, dass wir gar nicht mehr wir selbst wären. Langlebigkeit wäre geprägt von vollständigen Identitätswechseln. Der 20-jährige Bernard Williams hätte dann mit dem 200- oder 2000-Jährigen bis auf den Körper, der biotechnisch jung gehalten wird, nichts mehr gemein. Das ewige Leben würde zu einer Aneinanderreihung voneinander unabhängiger und unterschiedlicher Leben. Sartre hat dies so auf den Punkt gebracht: »Selbst wenn wir unsterblich wären, blieben wir doch endliche Wesen.« Dann wäre der gesamte biotechnische Aufwand aber sinnlos. Die Natur reiht so oder so Leben an Leben. Unsere Gene leben in unseren Nachfahren fort.

In den Diskussionen nach meinen Vorträgen zum Thema Langlebigkeit führt die Herausforderung der »Langeweile« nahezu immer zu Auseinandersetzungen, oft überraschend emotional geführt. Williams Position ist meist in der Mehrheit. Der Tod verleiht unserem Leben die nötige Dringlichkeit. Weil wir wissen, dass wir nicht unendlich Zeit haben, unternehmen wir etwas. Weil wir letzten Endes wissen, dass wir nicht unendlich lange mit anderen zusammen sein können, entwickeln wir tiefe Beziehungen und erleben große emotionale Momente, die wir oft so empfinden, als seien sie für die Ewigkeit gemacht. In dem bereits genannten Queen-Song »Who Wants to Live Forever?« heißt es am Ende:

Touch my world with your fingertips
And we can have forever
And we can love forever
Forever is our today.

Durch die Liebe erfahren wir die Unendlichkeit im Moment. Unendlich ist unser Jetzt.

Bernard Williams argumentiert in der Logik des Umkehrschlusses des Queen-Songs. Eine nahezu zwingende Folge von Langlebigkeit wäre Oberflächlichkeit. Wenn nicht mehr der Tod zwingend unser Leben beendet, so die Vermutung, müssten wir einen inneren Tod, einen Tod der inneren Verödung sterben. Erschwerend hinzu kommt das Phänomen der sich subjektiv beschleunigenden Zeit. In der Kindheit kommt uns ein Jahr unendlich lange vor, im Alter aber rasen die Jahre nur so an uns vorbei. Dass wir Zeit mit den Jahren komprimieren, liegt an der Relativität der Zeiteinheiten zum eigenen Alter. Für einen 10-Jährigen ist ein Jahr ein Zehntel seines Lebens, für einen 100-Jährigen nur ein Hundertstel. Wie empfände ein 1000-Jähriger den Lauf der Zeit? Wäre ihm sterbenslangweilig bei rasendem Stillstand? Der Philosoph Williams verweist in diesem Zusammenhang auf einen Glaubenssatz Arthur Schopenhauers: »Vielleicht ist die viel beklagte Kürze des Lebens das Beste an ihm.«

Die Anhänger von Thomas Nagels »Der Tod beraubt uns unserer Möglichkeiten«-These wenden dagegen oft ein: Nur langweiligen Menschen ist langweilig. Langeweile ist womöglich auch eine Typsache. Wer das Grönlandhai- oder Highlander-Szenario wählt, der stellt damit letztlich Williams Schlussfolgerung in Frage, dass zu viel innere Fort- und Weiterentwicklung zwingend zur Auflösung der eigenen Identität führt. Auf einer abstrakten Ebene in einem Gedankenspiel erscheint diese Auflösung stimmig. Doch vielleicht unterschätzen wir Neugier und Lernfähigkeit des

Menschen, sollte uns der Tod nicht der Möglichkeit auf neue Erfahrungen berauben? In einer Welt der Langlebigen müsste die Persönlichkeitsbildung nicht wie heute mit 25 Jahren weitgehend abgeschlossen sein. Vielleicht steigt gerade durch eine lange Lebensperspektive die Motivation, lebenslang zu lernen und sich häufiger und grundsätzlicher zu verändern. Vielleicht suchen wir dann immer weiter das Neue, bleiben im Wortsinn neugierig, weil wir wissen, dass wir noch genug Zeit zur Verfügung haben, das neu Erlernte auch wirklich zu leben.

Würden wir alt und blieben dabei jung, könnten wir mehrere Berufe bis in die letzten Feinheiten lernen und mit hoher Expertise über Jahrzehnte lang ausführen. Wir müssten dann nicht mehr mit 15, 18 oder 19 Jahren grundsätzliche Richtungsentscheidungen für unser Leben treffen, die sich gegenwärtig im Laufe des Lebens nur noch schwer revidieren lassen. Musisch und mathematisch doppeltbegabte Menschen müssten sich dann nicht mehr mit 20 Jahren zwischen Konservatorium und Technischer Universität entscheiden. Sie könnten erst Mathematiker und später Musiker werden. Ein Seniorenstudium im Alter von 70 Jahren wäre kein anregendes Hobby mehr, sondern könnte den Auftakt für eine Zweitkarriere bilden. Vielleicht arbeiteten wir im dritten oder vierten Beruf dann auch viel effizienter oder kreativer, weil wir auf einen reichen Erfahrungsschatz aus anderen Domänen zurückgreifen könnten.

Es soll Ehen geben, bei denen nach 30 oder 40 Jahren die Luft raus ist, die Partner sich aber deshalb nicht trennen, weil dies mit einer Lebensperspektive von verbleibenden 10 oder 20 Jahren nicht sinnvoll zu sein scheint. Unter der Voraussetzung der Langlebigkeit könnten viele ihr Glück vielleicht in serieller Monogamie finden, mit tiefen, jahrzehntelagen Partnerschaften, und Zwischenphasen sexueller Freiheit. In einer Welt der Langlebigen gäbe es mit hoher Wahrscheinlichkeit radikal andere Familienkonstellationen. Ohne physische Alterung könnte die Menopause sich verschieben oder ganz verschwinden. Wir könnten mit unseren Ur-Ur-Ur-Enkeln noch in den Zoo gehen und dank Biotechnologie wiedererweckte Wollmammuts anschauen oder einfach im Park toben wie heute 35-jährige Eltern mit ihren Kindern.

Vielleicht hätten wir dann auch Geschwister, die 50 Jahre jünger oder 100 Jahre älter wären und könnten mit ihnen Beziehungen in einer Tiefe entwickeln, die wir heute nicht kennen. Vielleicht sind wir in einem langen Leben sozial viel erfindungsreicher, weil wir uns immer wieder neu erfinden, ohne dabei unsere psychischen Wurzeln zu kappen und vollkommen neuartige Identitäten aufbauen zu müssen, wie Bernard Williams glaubt. Und vielleicht wäre die menschliche Psyche sehr wohl in der Lage, deutlich resilienter mit Krisen umzugehen und nicht früh zu vernarben, wenn wir die Perspektive hätten, mit 70 oder 120 Jahren noch viele neue, freudvolle Erfahrungen zu machen und zugleich auf einen immer reicheren Erfahrungsschatz zurückgreifen zu können. Vielleicht wären wir insgesamt viel motivierter, uns zu verändern. Vielleicht könnten wir sogar unseren Charakter grundsätzlich verändern und bessere Versionen unserer selbst werden. Wäre eine solche Zukunft nicht wünschenswert?

Wünsche und Zukünfte

Der Wunsch nach ewigem Leben ist für Thomas Nagel rational. Je mehr Erfahrungen wir machen können, desto besser. Für Bernard Williams stellt der Wunsch eine Milchmädchenrechnung dar. Weil wir endliche Wesen sind, schätzen wir das Leben, das uns vergönnt ist. Williams unterscheidet kontingente (also bedingte) und kategorische (unbedingte) Wünsche. Ein bedingter Wunsch ist demnach situativ. Wir haben Hunger, also wollen wir etwas essen. Wir haben nicht genug Geld, also hätten wir gerne ein höheres Gehalt. Wir wünschen uns den Champions-League-Sieg des FC Liverpool, weil wir den Trainer sympathisch finden oder weil wir Bayern München nicht mögen. Annehmlichkeiten und Befriedigung kurzfristiger Lustgefühle fallen in der Regel in die Kategorie der nichtkategorischen Wünsche: Eine Woche auf den Kanaren, wilder Sex mit dem Kollegen oder der Kollegin, ein großes Stück der besonders leckeren Schokotorte.

Bedingte Wünsche sind austauschbar, sie verändern sich im Laufe eines Lebens und wenn das Leben zu Ende ist, ergeben sie ex post für das Individuum kaum eine Begründung dafür, warum es sinnvoll oder wichtig sein könnte, weiterzuleben. Sie sind letztlich unabhängig von der gewünschten Länge des eigenen Lebens.

Bei den kategorischen Wünschen verhält es sich anders. Kategorische Wünsche sind jene, von denen wir als Individuen sagen: Ein Leben ist nicht sinnvoll, wenn wir keine Chance auf Wunscherfüllung für uns (oder auch für andere) haben. Als Menschen definieren wir selbst, was für uns kategoriale Wünsche sind. Für einen Komponisten mag es das Musikstück seines Lebens sein, das Massen begeistert, für einen Dissidenten der Sturz eines Diktators und die Freiheit des Volkes, für Eltern die Möglichkeit zu erleben, wie ihre Kinder in ein gutes, glückliches Leben finden und für die Großeltern, wie die Enkel Abitur machen. Kategoriale Wünsche gelten oft für das gesamte Leben, und halten dadurch unser Leben und unsere Identität zusammen. Im Extremfall sind Menschen bereit, für diese Wünsche zu sterben, wenn dies die einzige Möglichkeit ist, sie in Erfüllung gehen zu lassen. Es sind die unbedingten Wünsche, die in uns den Wunsch wachrufen, länger, vielleicht unendlich leben zu wollen.

Für Williams rutschen die kategorialen Wünsche durch ewiges Leben in die Kategorie der kontingenten Wünsche ab. Weil wir im langen Leben (fast) alles erleben können, nutzt sich, so Williams, auch der Wunsch nach den für uns wirklich wichtigen Dingen ab. Das Ergebnis wäre dann eben die unendliche Langeweile, mit verzweifelten Fluchtversuchen in einen Hedonismus, der keiner mehr ist, weil alle Reize schon ausgereizt sind.

Der Schweizer Physiker Eduard Kaeser stellt sich das vor wie »eine nicht enden wollende Cocktail-Party unter Struldbrugs, mit dem einzig verbliebenen Drang nach einem weiteren Drink. Genießen kann man den auch nicht wirklich. Und die andern Struldbrugs gehen einem sowieso schon unendlich auf den Geist.« Kaeser meint auch, dass die kategorialen Wünsche unseren Leben gerade deshalb Sinn und Energie verleihen, weil sie oft nicht oder nur teilweise in Erfüllung gehen. Das klingt zwar plausibel, gründet aber auch auf der Voraussetzung, dass wir Menschen nicht ausreichend offen und veränderungsfähig sind.

Und genau an dieser Stelle stellen sich die in diesem Zusammenhang wohl interessantesten Fragen. Was passiert mit uns Menschen, sollten wir oder unsere Nachfahren tatsächlich eine so radikale Veränderung der Lebensperspektiven erleben, wie die Longevity-Forscher es hoffen? Wie groß ist die Plastizität des menschlichen Wesens? Können wir uns wirklich immer wieder neu erfinden? Bleibt unsere Seele jung, offen und entwicklungsfähig, weil unser biologisches System die Voraussetzung dafür schafft? Oder vernarben und degenerieren Geist und Gemüt, weil Biotechnologie nur gut für den Köper, aber schlecht für die Psyche ist?

4 Was hieße Langlebigkeit für Gerechtigkeit, Gesellschaften und Überbevölkerung der Erde?

Lassen Sie uns das Gedankenexperiment mit den drei lebensverlängernden Pillen nochmals wiederholen. Doch dieses Mal soll es nicht um unsere individuellen Wünsche, sondern um gesellschaftliche Fragen gehen. Was hieße es für soziale Gemeinschaften, wenn viele oder die meisten Menschen gesund 100 Jahre alt würden, oder 200 bis 400 Jahre, oder gar viele Jahrtausende bis unendlich?

Wenn ich diese Frage in altersgemischten Gruppen stelle, kommt fast immer eine Gegenfrage: Ist die Rente dann noch sicher? Dann lacht die Gruppe in der Regel. Die Rentenformel bleibt in vielen Köpfen offenkundig auch dann Fixpunkt der Überlegungen, wenn die Übung eigentlich utopisches Denken animieren soll. Das ist auf der einen Seite lustig, auf der anderen Seite aber vollkommen berechtigt und naheliegend. Die über den Generationenvertrag finanzierten europäischen Rentensysteme drohen bereits jetzt bei der aktuell steigenden Lebenserwartung ohne biotechnologische Durchbrüche zusammenzubrechen. Doch gleichzeitig ist es für Regierungen schwer bis unmöglich, das Rentenalter angemessen zu erhöhen, ohne bei nächster Gelegenheit abgewählt zu werden.

Eine politisch clevere Lösung haben hier Länder wie Dänemark, Finnland, die Niederlande, Portugal und Italien gefunden. Diese passen den gesetzlichen Renteneintritt automatisch an die steigende Lebenserwartung an. Ist ein entsprechender gesellschaftlicher Grundkonsens gefunden, erledigt sich der politische Dauerstreit um das Renteneintrittsalter. Dieser Konsens müsste sich in einem rationalen Entscheidungsprozess finden lassen. Denn volkswirtschaftlich völlig offenkundig ist, dass längeres Leben auch längeres Arbeiten nach sich ziehen muss, solange Menschen die Arbeit leisten und nicht an Roboter und Algorithmen delegieren können.

Grundsätzlich gilt jedoch: Die volkswirtschaftlichen Belastungen durch eine stark alternde Bevölkerung könnten geringer ausfallen, als es auf den ersten Blick scheint. Vielleicht ist es Zeit, das Narrativ von den teuren Alten zu hinterfragen. Der Genetiker Nir Barzilai spricht gar von einer »Altersrendite durch steigende Lebenserwartung«. Er verweist unter anderem auf Studien des britischen Ökonomen Andrew Scott, der ausgerechnet hat, dass ein Jahr längere Lebenserwartung für jeden Bürger in den USA bei gleichbleibender durchschnittlicher Gesundheit einen wirtschaftlichen Nutzen von 38 Billionen US-Dollar einbrächte. Bei einer durchschnittlichen Verlängerung des Lebens von zehn Jahren wären es 360 Billionen US-Dollar. Auch alte Menschen, die nicht mehr arbeiten, aber aktiv bleiben, verreisen, kaufen ein und zahlen Steuern unter anderem auf Kapitaleinnahmen.

Diese Rechnung lässt sich nur bedingt auf ein auf Umlage finanziertes und durch Steuern subventioniertes Rentensystem wie das deutsche übertragen. Aber in der Kombination aus längeren Arbeitsbiographien und höherem Kapitalanteil bei der Finanzierung des Ruhestands lassen sich leicht Modelle erstellen, bei denen lange Leben eher eine volkswirtschaftliche Chance als eine düstere Bedrohung darstellten. Ähnlich verhält es sich bei der Finanzierung des Gesundheitssystems.

In wissenschaftlich vielbeachteten Langzeitstudien mit 100-Jährigen hat Barzilai dokumentiert, dass die »Centenarians« in ihrem langen Leben niedrigere Gesundheitskosten verursachen als jene, die zwischen 60 und 70 Jahre alt werden. Denn die ganz Alten bleiben oft ein Leben lang weitgehend gesund und sterben hochbetagt nach einer meist relativ kurzen Krankheitsphase und häufig ohne eine notwendige medizinische Begleitung. Kurze Phasen der Morbidität bedeuten deutlich geringe Kosten für Gesundheitssysteme. Soweit wir heute wissen, sind es vor allem genetische Faktoren oder genauer: die epigenetisch gesteuerten Alterungsprozesse in den Zellen, die ein langes, gesundes Leben bei kurzer Morbidität begünstigen. Ein vorbildlicher Lebenswandel nützt leider weniger, als wir denken. Sollte es der Altersmedizin gelingen, die sogenannte Healthspan, also das Leben in Gesundheit, schneller zu verlängern als die Lifespan, also das absolute Lebensalter, sind auch Langlebigkeitsszenarien mit Durchschnittsalter von Riesenschildkröten gesellschaftlich finanzierbar.

Für uns könnte das bedeuten: Wir werden künftig länger leben, aber dann leichter sterben.

Doch wer ist eigentlich ›wir‹? Wir alle sicher nicht.

Zwei-Klassen-Medizin hoch 2?

Unser Gedankenexperiment mit den drei Szenarien ist ein Experiment mit vielen Unbekannten. Das ist der Sinn der Übung. Mindestens eine Prämisse ist aus heutiger Sicht aber vollkommen unrealistisch, dass nämlich weiße, gelbe oder grüne Pillen wie ein paar Tropfen Polio-Impfung auf einem Zuckerwürfel kostenlos von einem freundlichen Arzt an alle Menschen weltweit verteilt werden.

Sollte die Longevity-Medizin tatsächlich in den kommenden Jahren oder Jahrzehnten große Durchbrüche erzielen, dann werden die Anti-Aging-Wirkstoffe und Jungbrunnen-Gentherapien sehr teuer, vermutlich noch kostenspieliger als die teure Hochleistungsmedizin heute. Mit hoher Wahrscheinlichkeit wollen aber sehr viele Menschen, sobald dies möglich ist, umgehend gesund länger leben. Werden sich die Langlebigkeitssupermittel also unter Umständen nur jene Superreiche leisten können oder überhaupt nur angeboten bekommen, die heute in Longevity-Medizin investieren? Es ist unwahrscheinlich, dass Krankenversicherungen und öffentliche Gesundheitssysteme die Kosten für die Allgemeinheit schultern könnten. Heute kosten individualisierte gentherapeutische Anwendungen zur Heilung von Erbkrankheiten mehrere Millionen Euro, oft für eine einzige Spritze.

Natürlich besteht immer die Hoffnung, dass Innovationen nach einer Weile so günstig werden, dass viele sich diese leisten können. In den 1950er Jahren war ein Schwarz-Weiß-Fernseher ein Luxusgut für Reiche. Doch mit hoher Wahrscheinlichkeit werden die Preise von und die Zugänge zu Longevity-Medizin das Problem der nationalen und internationalen Mehrklassen-Medizin um ein Vielfaches verschärfen – zumindest gilt dies für eine längere Übergangsphase. Was hieße das aus ethischer Sicht?

Medizinischer Fortschritt ist nicht mit der Markteinführung von TV-Geräten zu vergleichen. Angenommen, dass

Langlebigkeitsmedikamente nur für eine neue Klasse der Langlebigen verfügbar, aber nicht für die Masse der Normalsterblichen sein werden: Käme es dann in den Gesellschaften zu einem neuerlichen Klassenkampf? Und drängten die Menschen des globalen Südens dann mit einer Macht nach Norden, so dass der heutige Migrationsdruck im Rückblick als eine milde Vorahnung erscheinen könnte?

Der kanadische Biomedizin-Ethiker Walter Glannon plädiert allein aus Gründen der Zugangs- und Chancengerechtigkeit für ein grundsätzliches und vollständiges Verbot von Langlebigkeitsmedizin. Auf den ersten Blick erscheint dieser Einwand bedenkenswert: In einer Welt, in der für einige Longevity möglich, für die meisten aber unerreichbar ist, wird sich die Ungleichheit dramatisch verschärfen.

Aus moralphilosophischer Sicht ist Glannons Verbotsvorschlag jedoch problematisch: Gleichheit wird nicht dadurch gerecht, dass einigen Menschen Möglichkeiten verwehrt bleiben, nur weil sie nicht allen zur Verfügung stehen. Niemand käme bei uns auf die Idee, Krebspatienten die notwendigen Operationen oder Chemotherapien zu verwehren, weil in Bangladesch Patienten in der gleichen misslichen Lage keine Chance haben, diese Therapien zu bekommen. Obwohl es nicht genug Spendernieren für all jene gibt, die eine Spenderniere bräuchten, werden die wenigen Nieren, die zur Verfügung stehen, trotzdem transplantiert und retten Leben.

Zumindest der Theorie nach erfolgt die Zuteilung von knappen Spenderorganen in den meisten Gesellschaften nicht nach Marktmechanismen, also entsprechend der jeweiligen Finanzkraft, sondern nach einer gesellschaftlich ausgehandelten Priorisierung. Dazu zählt unter anderem die Dringlichkeit. Falls Langlebigkeitsmedizin ein knappes Gut wird, könnte auch hier die Frage der medizinischen Triage aufkommen: Wer braucht die weiße, gelbe oder grüne Pille am dringendsten? Oder wo wäre sie in gesellschaftlicher Perspektive am sinnvollsten eingesetzt? Wären das die besonders Begabten, die die Gesellschaft besonders stark voranbringen? Oder auf den Punkt gefragt: Welches Leben ist verlängerungswert, welches nicht?

Langlebigkeitsmedizin wird die großen Fragen der Gleichbehandlungsgrundsätze und universellen Menschenwürde mit neuer Dramatik stellen. Technischer Fortschritt bedeutet meist, dass wenige Privilegierte die Vorteile von Innovation früher nutzen können als andere. Das Privileg lässt sich in der Regel erkaufen – und diese Tatsache kann man im Sinne der Verteilungsgerechtigkeit natürlich als ungerecht empfinden. Doch sorgen die vermögenden Early Adopters auch für die Anschubfinanzierung vor der Massenmarkttauglichkeit. Im zweiten oder dritten Schritt bekommen dank der Verbreitung des Wissens um die technische Machbarkeit, Skaleneffekten in der Produktion und in der Folge sinkenden Preisen immer mehr Menschen Zugang.

Zumindest für eine Langlebigkeitsmedizin, die den Tod nicht vollständig besiegte, besteht kein kategorialer Unterschied zu heutigen Medikamenten oder Behandlungen, die individuelles Leben verlängern. Ärzte, die verfügbare Longevity-Therapien einem Patienten mit Wunsch auf Langlebigkeit vorenthalten, verstießen gegen wohl ihren hippokratischen Eid.

Damit wären wir bei den größten ethischen Herausforderungen angelangt, die radikale Fortschritte der Langlebigkeitsmedizin mit sich brächten: Wie würde es sich gesellschaftlich oder planetar auswirken, wenn Langlebigkeit für sehr viele oder gar alle möglich wäre?

Das ultimative Methusalem-Komplott

Pro Jahr gehen heute in Deutschland rund eine halbe Million mehr Menschen in Rente, als Jugendliche die Volljährigkeit erreichen. In wenigen Jahren werden in einigen Bundesländern mehr Menschen mit Pflegestufe leben als Wähler unter 30 Jahren. Der Publizist Stefan Schulz zeichnet ein düsteres Bild der drohenden Gerontokratie, der Herrschaft der Alten, in denen immer weniger Junge immer weniger Einfluss auf den politischen Entscheidungsprozess nehmen können und immer mehr Alte immer mehr Stimme(n) durch ihre bloße Masse haben. Dieses düstere Bild basiert auf verbrieften Trends der Demographie.

Besonders beunruhigend dabei ist: Nicht einmal mittelmäßige Fortschritte der Langlebigkeitsmedizin sind dabei einkalkuliert. Wie schlimm käme es erst, wenn die vielen Babyboomer, die ab heute in Rente gehen, in 30 Jahren nicht sterben, sondern noch viele Jahrzehnte vor sich haben und dann mehrheitlich jene wählen, die ihre Besitzstände bewahren können? Dann wäre das »Methusalem-Komplott« perfekt, das der früh verstorbene FAZ-Herausgeber Frank Schirrmacher schon vor 20 Jahren als düstere Prophezeiung in den Raum stellte.

Das ultimative Komplott der Alten gegen die Jungen ist keine »German Angst«, wie deutscher Pessimismus in Großbritannien und den USA gerne genannt wird. Auch unter angelsächsischen Skeptikern der Langlebigkeitsutopien findet sich das Argument: Sozialer Fortschritt braucht schlicht und einfach biologisches Ableben. Das Neue wird in der Mehrzahl von neuen Generationen in die Welt gebracht. Im Verlauf ihres Lebens fällt es Menschen immer schwerer zu erkennen, wann es wieder Zeit für Neues ist. Wie Zombiezellen, die nicht absterben wollen, blockieren sie den gesellschaftlichen Erneuerungsprozess auf allen Ebenen.

Sicher scheint: Gesellschaften unter den Bedingungen der Langlebigkeit müssten die Sturm-und-Drang-Erzählung, dass nur Jugend gut und wertvoll sei, hinter sich lassen, um funktionieren zu können. Schirrmacher lieferte gegen die Dystopie des Komplotts der Methusalems einen optimistischen Ausweg: Wenn wir das Bild vom Altern erneuern und unser Selbstbild vom Altwerden und der mit dem Alter verbundenen Selbstlimitierung aufgrund von Gebrechlichkeit neu erfinden, können wir in Zukunft gesellschaftliche Blockaden lösen. Der Vorwurf junger Klimaaktivisten an die heute herrschenden Generationen der Boomer ist oft geprägt von dem Vorwurf: Ihr zerstört unsere Zukunft. Ihr selbst werdet die Folgen kaum noch zu spüren bekommen. In einer Welt der Langlebigen wäre zumindest dieser Vorwurf nicht mehr angemessen, denn dann säßen alle Generationen tatsächlich in einem Boot.

In einem gelingenden Langlebigkeitsszenario müssten Entscheidungsträger in Politik, Wirtschaft und Gesellschaft zu viel konsequenteren ökologischen Transformationsschritten bereit sein. Denn sie wüssten, dass sie selbst in 100 oder mehr Jahren immer noch ein auskömmliches Leben auf diesem Planeten führen müssten. Abstrakt gesprochen: Vielleicht wäre eine Gesellschaft mit vielen Langlebigen besser in der Lage, langfristig verantwortlich zu denken und zu handeln. Dies beträfe dann nicht nur ökologische, sondern auch soziale Fragen. Zumindest in kapitalistischen Gesellschaften wird sich durch Langlebigkeit die materielle Ungleichheit ebenfalls deutlich vergrößern. Persönliches Vermögen würde sich ja nicht nur über Jahrzehnte, sondern über Jahrhunderte anhäufen, wie wir es heute bisher allenfalls von Dynastien oder der katholischen Kirche kennen. Eine ebenfalls interessante Frage lautet: Wären mehr superreiche Menschen dazu bereit, ihren Reichtum freiwillig mit anderen zu teilen?

Möglicherweise gäbe es in einer Welt der Langlebigkeit deutlich mehr Philanthropen wie Bill Gates oder Warren Buffet, die eine Erweiterung des persönlichen Reichtums als Motivation für das eigene Tun jenseits der 60 außen vor lassen und positive soziale Veränderung zu ihrem Lebensinhalt machen.

Natürlich ist auch denkbar: Das Wissen um den Tod hilft bei der Bereitschaft, bereits zu Lebzeiten zu teilen und auf diese Weise ein positives Selbstbild zu entwickeln und für andere auch noch nach dem Ableben zu hinterlassen. Sollte Philanthropie hingegen eher ab- als zunehmen, könnten Gesetzgeber das Erbschaftssteuerrecht reformieren und eine Art virtuellen Steuertod einführen. Im Zyklus heutiger Generationen, zum Beispiel alle 30 Jahre, müsste ein Teil des angehäuften Vermögens an die Gesellschaft zurückgegeben werden.

Diese Überlegungen setzen jeweils voraus, dass es in einer Welt der Langlebigkeit weiter kontrolliertes – oder besser gesagt kontrollierbares – ökonomisches Wachstum gibt und die Weltwirtschaft nicht ökologisch oder sozial unter dem Druck von Überbevölkerung zusammenbricht. Hier verbirgt sich möglicherweise die größte Gefahr bei einer radikaleren Lebensverlängerung vieler Menschen.

Die Malthusianische Vollkatastrophe

Der Ethiker John K. Davis von der California State University, Fullerton, hat mit Unterstützung eines Demographen vor einigen Jahren Modellrechnungen zur Bevölkerungsentwicklung unter den Bedingungen von Langlebigkeit durchgeführt.

In einem ersten Szenario geht er von einer Lebenserwartung von 150 Jahren aus. Jede Frau bekommt zwei Kinder, das erste im Alter von 25 Jahren, das zweite im Alter von 75 Jahren. Unter diesen Vorgaben wächst die Weltbevölkerung theoretisch binnen 100 Jahren um etwas mehr als das Dreifache. Ausgehend von der heutigen Bevölkerung wären das rund 25 Milliarden Menschen. Bei konstanter Geburtenrate von zwei Kindern würde sich die Weltbevölkerung dann auf diesem Niveau stabilisieren. Könnten Menschen durchschnittlich 1000 Jahre alt werden, und bekäme jede Frau ein Kind im Alter von 25 Jahren und eines im Alter von 500, würde sich die Bevölkerung zunächst rasch innerhalb von 75 Jahren verdoppeln, dann für 400 Jahre stagnieren und sich nach 600 Jahren auf ihrem Höhepunkt auf dem Vierfachen der Ausgangspopulation einpendeln – von heute aus gesehen also bei deutlich über 30 Milliarden Menschen.

Wir können nicht wissen, wie viele Menschen die Landwirtschaft nachhaltig und effizient in 100 oder mehreren 100 Jahren ernähren kann. Wir wissen nicht, ob es der

Menschheit bis dahin gelungen ist, Energie im Überschuss für mehrere Dutzend Milliarden Menschen zu erzeugen, ohne dabei zu viel CO_2 zu produzieren. Vielleicht gibt es bis dahin Wirtschafts- und Stoffkreisläufe, die so vielen Menschen ein gesundes, sicheres und bequemes Leben im Rahmen der sogenannten planetaren Grenzen ermöglichen und den heutigen Ressourcen-Raubbau beenden. Vielleicht ist es Politik, Wissenschaft und Technik bis dahin gelungen, das Ökosystem der Erde wieder zu stabilisieren. Das ist durchaus vorstellbar. Ist das aber wahrscheinlich?

Grundsätzlich gesehen wird es auch für künftige Generationen schwieriger werden, die planetaren Belastungsgrenzen nicht zu überschreiten, je mehr Menschen die Erde bewohnen. Auf Basis der heutigen Geburtenraten prognostizieren die Vereinten Nationen für das Ende dieses Jahrhunderts nur noch ein moderates Bevölkerungswachstum auf 10,4 Milliarden Menschen. Sollte sich der globale Trend sinkender Geburtenraten weiter verfestigen, dürfte die Weltbevölkerung im 22. Jahrhundert wieder abnehmen. Das bedeutet: Je schneller die Langlebigkeitsmedizin vorankommen sollte, desto höher wäre auch der Zeitdruck für eine weltweite sozial-ökologische Transformation.

Das Problem der Überbevölkerung – von Thomas Malthus 1798 in seinem berühmten Aufsatz *The Principle of Population* (*Das Bevölkerungsgesetz*) beschrieben und fortan als »Malthusianische Katastrophe« bezeichnet – könnte die größte Hürde dafür sein, ob Szenarien mit Longevity gelingen. Sie könnte auch in die größten moralischen Dilemmata führen.

Gegen starke und rasche Überbevölkerung praktizierte China lange Zeit eine Ein-Kind-Politik. Ist es mit unserem

Menschbild vereinbar, Menschen zu verbieten, mehr als ein Kind zu bekommen? John Davis hält die Ein-Kind-Politik in der Abwägung zwischen einer Malthusianischen Vollkatastrophe durch Langlebigkeitsmedizin und dem Recht des Einzelnen auf Lebensverlängerung für sinnvoll. Er macht allerdings eine wichtige Einschränkung: Auf zweite und weitere Kinder müssen nur jene verzichten, die sich für eine künstliche Lebensverlängerung entscheiden. Damit würde die individuelle Entscheidung für eine Longevity-Therapie untrennbar mit der Frage verknüpft: Ist ein Wunsch nach einer größeren Familie kategorial wichtig? Oder erscheint ein sehr langes Leben mit maximal einem Kind die bessere Option?

5 Was bedeutet das alles?

Davis' Ein-Kind-Politik bildet eine sinnvolle und logische Schlussfolgerung aus den von ihm durchgerechneten Szenarien. Diese ist grundsätzlich plausibel. Aus gesellschaftlicher Perspektive gesehen trifft sie aber mindestens auf zwei entscheidende Probleme:

Erstens ließe sich ein Gesetz zur Beschränkung der Kinderzahl für Langlebige wohl nur in einer Diktatur durchsetzen, nicht aber in einer liberalen Demokratie. Angenommen, eine Langlebige wird schwanger: Muss sie dann das Kind abtreiben? Oder angenommen, dass das Kind zur Welt kommt: Muss es dann ein Leben am Rande der Gesellschaft führen, so wie die Millionen »illegalen« Menschen in China, deren Eltern meist aus ländlichen Gegenden kein Recht auf ein zweites Kind hatten und sich dieses Recht auch nicht erkaufen konnten?

Zweitens bedeutet eine Ein-Kind-Politik in logischer Konsequenz, dass in einer langlebigen Gesellschaft mit den Jahrhunderten immer weniger Kinder und Jugendliche leben.

Für mich ist eine Gesellschaft mit sehr vielen Junggebliebenen und sehr wenigen Kindern und Jugendlichen kein wünschenswertes Szenario. Eine Entscheidung für Langlebigkeit ist eine Entscheidung gegen Kinder. Überbevölkerung in einer kinderarmen Welt durch Unsterblichkeit empfände ich als einen Fluch für die Menschheit. Aus diesem Grunde kann ich mich nur für die weiße Pille entscheiden.

Im Gegenzug hoffe ich, dass alle wissenschaftlichen Bemühungen der Langlebigkeitsmedizin dazu führen, dass wir gesünder alt werden und jene Zeit verkürzen, die Martin Heidegger den »Vorlauf zum Tod« nennt; also jene Phase der Morbidität, in der unser Körper sich an das Leben klammert, wir aber rational nicht nachvollziehen können, warum wir nicht gehen dürfen. Gegen den langen Vorlauf kann die Biotechnologie zum Segen werden, im Sinne einer erwünschten Nebenwirkung des menschlichen Ehrgeizes, den Tod zu besiegen.

Literaturhinweise

Adler, Yael: Kann man das Alter des Körpers aufhalten? In: Frankfurter Allgemeine Zeitung. 7. Februar 2022. https://www.faz.net/aktuell/stil/leib-seele/anti-aging-kann-man-das-altern-des-koerpers-aufhalten-17779288.html

Barzilai, Nir / Lindner, Roland: »Wir werden mit 80 und 90 Jahren noch arbeiten«. Interview. In: Frankfurter Allgemeine Zeitung. 2. Oktober 2022. https://www.faz.net/aktuell/karriere-hochschule/buero-co/altersforschung-wir-werden-mit-80-und-90-jahren-noch-arbeiten-18350846.html

Beauvoir, Simone de: Alle Menschen sind sterblich. Übers. von Eva Rechel-Mertens. Hamburg 1949.

Čapek, Karel: Věc Makropulos. Prag 1922. (Dt.: Die Sache Makropulos. Übers. und bearb. von Max Brod. Wien 1927. Vertonung von Leoš Janáček.)

Conese, Massimo / Carbone, Annalucia / Beccia, Elisa / Angiolillo, Antonella: The Fountain of Youth: A Tale of Parabiosis, Stem Cells, and Rejuvenation. In: Open Medicine 12. 28. Oktober 2017. Nr. 1. S. 376–383. https://doi.org/10.1515/med-2017-0053. PMID: 29104943; PMCID: PMC5662775.

Davis, John K.: New Methuselahs. The Ethics of Life Extension. Cambridge 2018.

– Want to Live Longer? Consider the Ethics. In: The Conversation. 31. August 2018. https://theconversation.com/want-to-live-longer-consider-the-ethics-101301

Durkheim, Emile: Der Selbstmord. Übers. von Sebastian und Hanne Herkommer. Neuwied/Berlin 1973.

The Economist: Adding Ages. The Fight to Cheat Death is Hotting up. In: The Economist. 13. August 2016. https://www.economist.com/briefing/2016/08/13/adding-ages

– A $3bn Bet on Finding the Fountain of Youth. Can an Instant Unicorn Crack Cellular Rejuvenation? In: The Economist. 22. Januar 2022. https://www.economist.com/science-and-technology/a-3bn-bet-on-finding-the-fountain-of-youth/21807244

Fischer, John Martin / Mitchell-Yellin, Benjamin: Immortality and

Boredom. In: The Journal of Ethics 18 (2014) Nr. 4. S. 353–372. https://www.jstor.org/stable/43895884

Fortuna, Harry: What Would Life Look Like If We Lived Forever? In: Quartz. 24. Januar 2018. https://qz.com/1186171/what-would-life-look-like-if-we-lived-forever

Fukuyama, Francis: Our Posthuman Future: Consequences of the Biotechnology Revolution. New York 2003.

Glannon, Walter: Genes and Future People: Philosophical Issues in Human Genetics. Routledge 2018.

– Extending the Human Life Span. In: Journal of Medicine and Philosophy 27 (2002) Nr. 30. S. 339–354.

Gopnik, Adam: Can We Live Longer But Stay Younger? In: The New Yorker. 20. Mai 2019. https://www.newyorker.com/magazine/2019/05/20/can-we-live-longer-but-stay-younger

Grey, Aubrey de / Rae, Michael: Ending Aging. The Rejuvenation Breakthroughs That Could Reverse Human Aging in Our Lifetime. London 2007.

Kaeser, Eduard: Lang, länger, ewig leben – ein Albtraum. In: Aargauer Zeitung. 24. November 2018. https://www.aargauerzeitung.ch/meinung/kommentare-aaz/lang-laenger-ewig-leben-ein-albtraum-ld.1329011

Kirkwood, Tom: Time of Our Lives: The Science of Human Aging. Oxford 1999.

Laguna de la Vera, Rafael / Ramge, Thomas: Sprunginnovation – Wie wir mit Wissenschaft und Technik die Welt wieder in Balance bekommen. Berlin 2021.

Loeb, Avi: What If We Could Live for a Million Years? In: The Scientific American. 16. August 2016. https://www.scientificamerican.com/article/what-if-we-could-live-for-a-million-years/

Mao, Frances: David Goodall: Australian Scientist, 104, Ends Life ›Happy‹. In BBC News. 10. Mai 2018. https://www.bbc.com/news/world-australia-43957874

Müller-Werdan, Ursula: Im Gespräch mit Thomas Ramge im Podcast SPRIND am 6. Juni 2022. https://www.sprind.org/de/podcast/34-ursula-mueller-werdan/ [Transkript auf Webseite einsehbar.]

Nagel, Thomas: Death. In: T. N. (Hrsg.): Mortal Questions. Cambridge 1991.

Ramge, Thomas: Mensch und Maschine. Wie Künstliche Intelligenz und Roboter unser Leben verändern. Stuttgart 2018.

Sandel, Michael: The Case Against Perfection: Ethics in the Age of Genetic Engineering. Cambridge 2009.

Sinclair, David A.: Lifespan. Why We Age – And Why We Don't Have To. New York 2019.

Singer, Michael: Commentary: What is Aging? Can it be Eliminated? In: Current Aging Science 8 (2015) Nr. 3. S. 216–219. https://doi.org/10.2174/187460980803151027131548

Singer, Peter: Research Into Aging: Should It Be Guided by the Interests of Present Individuals, Future Individuals, or the Species? In: Frédéric C. Ludwig (Hrsg.): Life Span Extension: Consequences and Open Questions. New York 1991. S. 132–145.

Schirrmacher, Frank: Das Methusalem-Komplott. Die Menschheit altert in unvorstellbarem Ausmaß. Wir müssen das Problem unseres eigenen Alterns lösen, um das Problem der Welt zu lösen. München 2004.

Schulz, Stefan: Die Altenrepublik: Wie der demographische Wandel unsere Zukunft gefährdet. Hamburg 2022.

Steele, Andrew: Ageless. The New Science of Getting Older Without Getting Old. London 2020.

Swift, Jonathan: Gullivers Reisen. Übers., komm. und mit Nachw. von Hermann J. Real / Heinz J. Vienken. Stuttgart 1987 [u. ö.].

Wilde, Oscar: Das Bildnis des Dorian Grey. Übers. von Alfred W. Fred. Leipzig 1908.

Williams, Bernard: The Makropulos Case: Reflections on the Tedium of Immortality. In: John Martin Fischer (Hrsg.): The Metaphysics of Death. Redwood City 2022. S. 71–92. https://doi.org/10.1515/9781503622036-007

Über den Autor

Thomas Ramge denkt und schreibt an den Schnittstellen von Technologie, Ökonomie und Gesellschaft. Er hat mehr als 15 Sachbücher und einen Roman veröffentlicht, darunter *Sprunginnovation* (mit Rafael Laguna de la Vera), *Augmented Intelligence*, *Mensch und Maschine* und *Das Digital* (mit Viktor Mayer-Schönberger). Seine Essays und Reportagen erscheinen unter anderem in *brand eins*, *Die Zeit*, *Frankfurter Allgemeine Zeitung*, *The Economist*, *Harvard Business Review*, *MIT Sloan Management Review* und *Foreign Affairs*.

Ramges Arbeiten wurden in rund 20 Sprachen übersetzt und mit zahlreichen Preisen ausgezeichnet, darunter dem Deutschen Essaypreis 2022, dem Axiom Business Book Award 2019 (Gold Medal, Economics), dem Best Business Book of the The Year on Technology and Innovation 2018, dem getAbstract International Book Award 2018, dem Herbert Quandt Medienpreis, dem Deutschen Wirtschaftsbuchpreis und dem ADC Award.

Promoviert hat Thomas Ramge in Techniksoziologie. Er ist Assoziiertes Mitglied am Einstein Center for Digital Future und war Senior Research Fellow am Weizenbaum-Institut für die vernetzte Gesellschaft. Seit Anfang 2021 moderiert der gelernte ARD-Journalist zudem den Podcast der Bundesagentur für Sprunginnovationen SPRIND. Er lebt mit seiner Frau und seinem Sohn in Berlin.

Danksagung

Die Entscheidung, dieses Buch schreiben zu wollen, fiel nach einem Vortrag zu »Longevity« bei der Berliner Weberbank im Frühjahr 2022. Die Reaktionen der Zuschauer waren so emotional, die Diskussionen im Anschluss so lebhaft und zugleich hintergründig, dass mich das Thema der biotechnischen Lebensverlängerung nicht mehr losließ. Ich danke der Weberbank und Christian Bracht, dass sie den Abend zu »Ewigem Leben« organisiert haben. Und ich danke dem Freund und Kollegen Christoph Koch, der mir durch einen gemeinsamen Podcast den ersten Anstoß gab, mich mit dem Thema näher zu beschäftigen.

Für wertvolle wissenschaftliche Hinweise danke ich Prof. Dr. Ursula Müller-Werdan von der Charité Berlin, die ich für den Podcast der Bundesagentur für Sprunginnovationen interviewen durfte, sowie Dr. Karl Schlagenhauf, dem Biomedizin-Experten der Bundesagentur, der mir mit Engelsgeduld in vielen Gesprächen die komplexen Vorgänge in Zellen erklärt und das technische Kapitel auf Fehler abgeklopft hat. Danke Alexander Voss für große Unterstützung bei der Recherche.